中国人民大学
习近平新时代中国特色社会主义思想研究院
The Academy of Xi Jinping Thought on Socialism with Chinese Characteristics for a New Era,
Renmin University of China

GZC 高校主题出版
2023 GAOXIAO ZHUTI CHUBAN

中国式现代化的鲜明特色研究系列
总主编　张东刚　林尚立

走和平发展道路的
中国式现代化

左希迎　著

中国人民大学出版社
·北京·

总　序

　　概括提出并深入阐述中国式现代化理论，是党的二十大的一个重大理论创新，是科学社会主义的最新重大成果，也是对世界现代化理论和实践的重大创新。党的二十大报告明确概括了中国式现代化五大方面的中国特色，深刻揭示了中国式现代化的科学内涵，是中国式现代化理论的基础组成部分。这既是理论概括，也是实践要求，为全面建成社会主义现代化强国、实现中华民族伟大复兴指明了一条康庄大道。

　　选择什么样的现代化道路、怎样选择现代化道路，是世界各国人民在谋求现代化时必须首先回答的基本问题。对这个基本问题的回答，首先要把握好现代化的基本方向。能否选择正确的方向，对一个国家的现代化事业的发展成效乃至成败，起着决定性作用。只有方向搞对了，目标任务、政策举措才能对头，发展行动才能对路。以人口规模巨大、全体人民共同富裕、物质文明和精神文明相协调、人与自然和谐共生、走和平发展道路为突出特色的中国式现代化，是中国人民在探索现代世界发展进程中形成的对这一基本问题的根本回答。这个铿锵有力的回答是中国共产党在深刻总结国内外现代化发展的经验教训、深入分析国内外现代化发展大势的基础上提出来的，集中反映了我国社会主义现代化的发展思路、发展方向、发展着力点，蕴含着博大精深的道理学理哲理。

具有五大方面特色的中国式现代化，根源于中国共产党的百年奋斗历程，根源于中国共产党领导的独特作用。中国人民之所以能够扭转近代以来的历史命运，探索出中国式现代化道路，最根本上是因为有党的领导。中国共产党领导的社会主义现代化，是对中国式现代化的定性，是管总、管根本的，决定着每个特色的性质和内涵。中国共产党在新民主主义革命时期为实现现代化创造了根本社会条件，在新中国成立后为现代化建设奠定了根本政治前提并提供了宝贵经验、理论准备、物质基础，在改革开放和社会主义现代化建设新时期为中国式现代化提供了充满新的活力的体制保证和快速发展的物质条件。党的十八大以来，我们党在已有基础上继续前进，不断实现理论和实践上的创新突破，成功推进和拓展了中国式现代化，为中国式现代化提供了更为完善的制度保证、更为坚实的物质基础、更为主动的精神力量。中国式现代化的内涵，随着历史的演进，不断地发展、不断地丰富。正是在不断总结历史经验的过程中，中国式现代化五大方面的特色逐步上升为规律性认识、凝练成时代内涵，蕴含着深刻的历史逻辑、理论逻辑和实践逻辑。

中国式现代化在遵循现代化一般规律和兼具各国现代化

共同特征的基础上，以一个个鲜明的中国特色，击破了"现代化＝西方化"的迷思，实现了对西方式现代化理论和实践的超越。这五大方面的中国特色，在根本上展现了我们在两极分化还是共同富裕的现代化，物质至上还是物质精神协调发展的现代化，竭泽而渔还是人与自然和谐共生的现代化，零和博弈还是合作共赢的现代化，照抄照搬别国模式还是立足自身国情自主发展的现代化方面的科学选择；在系统上解答了一个国家怎样根据其历史传统、社会制度、发展条件、外部环境等诸多因素选择现代化道路这一重大问题。这五大方面的中国特色，立足经济持续健康发展、制度完善和体制机制变革、文明传承、工业化、全球化等重要方面，精准阐明了世界现代化一般规律和社会主义现代化普遍规律的丰富内容，深刻认识了社会主义现代化国家建设的一系列重大理论和实践问题；不仅回答了如何解决中国现代化的问题，还回答了如何解决世界现代化的实践难题。

人口规模巨大，这是中国式现代化的显著特征。人口规模不同，现代化的任务就不同，其艰巨性、复杂性就不同，发展途径和推进方式也必然具有自己的特点。现在，全球进入现代化的国家也就20多个，总人口10亿左右。中国14亿多人口整体迈入现代化，规模超过现有发达国家人口的总和，将极大地改变现代化的世界版图。这是人类历史上规模最大的现代化，也是难度最大的现代化，将用实践进一步证明如何统筹解决超大规模人口的吃饭、就业、分配、教育、医疗、住房、养老、托幼等一系列现代社会的问题。

全体人民共同富裕，这是中国式现代化的本质特征，也是区别于西方现代化的显著标志。西方现代化的最大弊端，就是以资本为中心而不是以人民为中心，追求资本利益最大化而不是服务绝大多数人的利益，导致贫富差距大、两极分化严重。一些发展中国家在现代化过程中掉进"中等收入陷阱"，一个重要原因就是没有解决好两极分化等问题。中国式现代化促进全体人民共同富裕的一整套思想理念、制度安排、政策举措，使我国亿万农村人口整体摆脱贫困，创造了减贫治理的中国样本。实现共同富裕是一个长期任务，不断取得的新进展将为如何解决贫富分化、"中等收入陷阱"等世界现代化难题提供中国方案。

物质文明和精神文明相协调，即既要物质富足也要精神富有，这是中国式现代化的崇高追求。在西方现代化过程中，一边是财富的积累，一边是信仰缺失、物欲横流。今天，西方国家日渐陷入困境，一个重要原因就是无法遏制资本贪婪的本性，无法解决物质主义膨胀、精神贫乏等痼疾。坚持协同促进物的全面丰富和人的全面发展的中国式现代化，不仅致力于实现物质财富极大丰富、精神财富极大丰富、思想文化自信自强的社会主义现代化，也为如何解决物质现代化和精神现代化不协调的世界性问题贡献了中国智慧。

人与自然和谐共生，即尊重自然、顺应自然、保护自然，促进人与自然和谐共生，这是中国式现代化的鲜明特点。近代以来，西方国家的现代化大都经历了对自然资源肆意掠夺、对生态环境恶性破坏的阶段，在创造巨大物质财富的同时，往往造成环境污染、资源枯竭等严重问题。生态兴则文明兴、人与自然和谐共生、绿水青山就是金山银山、良好生态环境是最普惠的民生福祉、山水林田湖草沙是生命共同体、共谋全球生态文明建设等新理念新思想新战略，为解决世界现代化进程中如何既要经济发展也要环境保护的难题指明了科学道路。

走和平发展道路，即坚持和平发展，既在坚定维护世界和平与发展中谋求自身发展，又以自身发展更好维护世界和平与发展，推动构建人类命运共同体，这是中国式现代化的突出特征。西方国家的现代化，充满战争、殖民、掠夺等血腥罪恶，给广大发展中国家带来深重苦难。中华民族经历了西方列强侵略、凌辱的悲惨历史，深知和平的宝贵，决不重走西方国家实现现代化的老路。中国式现代化坚持独立自主、自力更生，依靠全体人民的辛勤劳动和创新创造发展壮大自己，通过激发内生动力与和平利用外部资源相结合的方式来实现国家发展，不以任何形式压迫其他民族、掠夺他国资源财富，而是为广大发展中国家提供力所能及的支持和帮助，着力破解人类现代化零和博弈的历史困局。

推进中国式现代化是一项长期任务，还有许多未知领域有待探索。要把中国式现代化五大方面的中国特色变为成功实践，把鲜明特色变成独特优势，需要付出艰苦的努力，需要矢志不渝地开展长期的实践探索、理论探索，需要完整把握、准确理解、全面认识中国式现代化的中国特色。只有既能够从总体上回答现代化的基本问题、明晰现代化的历史进程和发展趋势、阐明中国式现代化的世界观和方法论，又能够从细节上厘清关于现代化内涵的各种看法、讲清楚中国式现代化与西方现代化相比所具有的特色和优势、深挖中国式现代化五大特色蕴含的道理学理哲理，才能够学懂弄通做实中国式现代化理论体系的基本原理，为不断拓展中国式现代化的广度和深度提供坚实的理论支撑。

为深入贯彻党的二十大精神，深入贯彻习近平总书记考察调研中国人民大学时重要讲话精神和习近平总书记关于中国式现代化的重要论述，中国人民大学在谋划出版"中国式现代化研究丛书"的基础上，认真组织青年学者撰写了本套丛书。丛书以中国式现代化的五大特色为主题，以学懂弄通中国式现代化五大特色的历史逻辑、理论逻辑、实践逻辑为主线，以延展逻辑进路、拓展理论深度、形成自主知识体系为目标，让中国式现代化五大特色的问题导向、理论智慧、实践效能在相互独立而又内在联系的各卷书中系统地呈现，回应人民在现代化理论和实践上的多方面诉求和需要。希望丛书能够带动更多的青年学者关注中国式现代化、研究中国式现代化、用脚步丈量中国式现代化道路,切实把成果写在中国大地上,为实现中华民族伟大复兴贡献新的更大力量。

是为序。

校党委书记 张东刚　　校长 林尚立

2023 年 11 月

目 录

导 论 / 1

第一章 现代化的历程：从世界到中国 / 9

第一节 西方国家的现代化之路 / 10

第二节 新中国成立以前的中国现代化探索 / 23

第三节 新中国成立以后的现代化道路 / 31

小 结 / 48

第二章 中国现代化进程中对和平发展理念的探索 / 51

第一节 中国和平发展理念的探索 / 52

第二节 中国走和平发展道路是真诚的 / 71

第三节 走和平发展道路促进了中国崛起 / 82

小 结 / 87

第三章　中国走和平发展道路的现实挑战　/ 89

　　第一节　当前世界对中国走和平发展道路的疑虑　/ 90
　　第二节　中国发展放缓的不确定性增加　/ 95
　　第三节　中美战略博弈的不确定性上升　/ 104
　　小　结　/ 116

第四章　中国式现代化促进了世界和平与发展　/ 117

　　第一节　中国为世界发展提供了巨大的红利　/ 118
　　第二节　中国崛起促进了世界和平　/ 130
　　第三节　中国是维护世界和平的关键力量　/ 144
　　小　结　/ 152

第五章　中国式现代化是一种全新的人类文明形态　/ 153

　　第一节　中国走出了一条现代化的新道路　/ 154
　　第二节　中国式现代化创造了人类文明新形态　/ 161
　　小　结　/ 168

结　语　/ 171

参考文献　/ 175

导 论

实现现代化和中华民族伟大复兴是近代以来中国人民梦寐以求的夙愿，是无数先辈奉献生命和鲜血矢志追求的伟大事业。新中国成立以来，特别是改革开放以来，中国共产党领导的中国式现代化取得了举世瞩目的成就，目前正向着全面建成社会主义现代化强国的第二个百年奋斗目标迈进。

回顾历史，中国式现代化实现了经济快速发展。新中国成立后，逐步建立了独立自主的工业体系。改革开放以来，中国保持了长达40余年的高速经济增长。在工业领域，中国已经建成门类齐全的现代工业体系，走完了西方发达国家几百年的工业化历程，并成为世界第一大工业国。当前，中国在5G、大数据、工业互联网、人工智能和新能源汽车等领域蓬勃发展，甚至局部取得了领先优势。在对外贸易领域，2017年以后中国已经连续6年保持世界货物贸易第一大国的地位，2022年货物贸易进出口总值达42.07万亿元[①]。中国进出口商品结构

[①] 中华人民共和国国务院新闻办公室.国新办举行2022年全年进出口情况新闻发布会（图文实录）[A/OL].（2023-01-13）[2023-01-24]. http://www.scio.gov.cn/xwfb/gwyxwbgsxwfbh/wqfbh_2284/49421/49446/wz49449/202307/t20230707_726753.html.

也更加优化,逐渐实现了产业转型升级。据统计,在2021年中国的商品出口中,包括手机、电脑、集成电路等在内的机电产品占比接近60%[1]。随着工业化和现代化进程不断推进,"8亿件衬衫才能换一架波音飞机"的时代已经彻底终结。

回顾历史,中国式现代化做到了社会长期稳定。纵观近代以来世界各国的现代化过程,经济现代化与政治现代化之间有着非常复杂的关系。美国学者塞缪尔·亨廷顿(Samuel Huntington)在其著作中犀利地指出,经济和社会现代化并不必然带来政治现代化,反而有可能对政治秩序形成破坏性影响,从而带来政治动荡甚至内乱[2]。无独有偶,法国思想家托克维尔也有类似的观点。他在《旧制度与大革命》一书中指出,旧制度下的法国通过改革改善了民众的生活水平,但是改革的获利者却成为反对旧制度的力量,最终导致了大革命的爆发[3]。中国的现代化进程,却跳出了这一理论魔咒。新中国成立以来,尤其是改革开放以来,中国政府开展大规模、有计划、有组织的扶贫行动,已经成功让7.7亿农村贫困人口脱贫。进入新时代以来,中国全面打响了脱贫攻坚战。到

---

[1] 中华人民共和国海关总署.我国已连续五年保持世界货物贸易第一大国地位 量质齐升 结构优化 [A/OL].(2022-05-23)[2023-01-03]. http://www.customs.gov.cn/customs/xwfb34/302425/4354631/index.html.

[2] 亨廷顿.变化社会中的政治秩序[M].王冠华,刘为,等译.上海:上海人民出版社,2008.

[3] 托克维尔.旧制度与大革命[M].冯棠,译.北京:商务印书馆,1992.

2020年底，中国如期完成新时代脱贫攻坚目标任务，现行标准下9 899万农村贫困人口全部脱贫①。根据国家统计局的数据，2021年我国全年人均国内生产总值80 976元，按年平均汇率折算，突破了1.2万美元，已接近世界银行高收入标准②。在经济高速增长的同时，中国的政治也保持了高度的稳定性。中国共产党领导机构平稳过渡，权力平稳交接，中国民众对政府满意度也在不断上升。根据2020年7月哈佛大学肯尼迪政府学院阿什民主治理和创新中心发布的研究报告，中国公民对中央政府的满意度从2003年的86.1%上升到2016年的93.1%③。

归根结底，中国共产党成功的秘密在于加强自身执政能力建设，不断推进国家治理体系和治理能力现代化。新时代以来，中国共产党经过对中国现代化历程的理论总结和提炼，形成了中国式现代化的内涵。2022年10月16日，习近平在中国共产党第二十次全国代表大会上做了题为《高举中国特

---

① 中华人民共和国国务院新闻办公室.《人类减贫的中国实践》白皮书（全文）[R/OL].（2021-04-06）[2023-01-03]. http: //www. scio. gov. cn/gxzt/dtzt/2021/rljpdzgsjbps/zw_20426/202208/t20220802_290519. html.

② 国家统计局. 中华人民共和国2021年国民经济和社会发展统计公报[R/OL].（2022-02-28）[2023-01-03]. http: //www. stats. gov. cn/xxgk/sjfb/zxfb2020/202202/t20220228_1827971. html.

③ CUNNINGHAM E, SAICH T, TURIEL J. Understanding CCP resilience: surveying Chinese public opinion through time[R/OL].（2020-07-06）[2023-01-03]. https: //ash. harvard. edu/files/ash/files/final_policy_brief_7. 6. 2020. pdf.

色社会主义伟大旗帜 为全面建设社会主义现代化国家而团结奋斗》的报告，报告指出了中国式现代化的五大特征，并宣告："从现在起，中国共产党的中心任务就是团结带领全国各族人民全面建成社会主义现代化强国、实现第二个百年奋斗目标，以中国式现代化全面推进中华民族伟大复兴。"[①]在新形势下，有必要进一步在理论上对中国式现代化的基本特征进行深入研究，以深入理解中国式现代化的历史逻辑。

现代化是一条充满了荆棘的道路，长期以来是少数西方国家的专利，第二次世界大战以后完成现代化的国家和地区更是寥寥无几。与之形成鲜明对比的是，在现代化过程中陷入困境止步不前者众多。巴西、墨西哥和阿根廷皆跌落在"中等收入陷阱"中而无法自拔；泰国、马来西亚和印度尼西亚无法在产业链上再进一步；越南和印度目前发展态势不错，但是未来能达到什么高度还未可知。放眼全球，唯有中国的现代化进程一路高歌猛进，不仅引起了国际社会的广泛关注，而且冲击了旧有思想理论和知识体系。

如何在理论上更好地认识中国的现代化进程？为了准确深入地分析中国现代化走过的历程，需要将中国现代化的事实放置于政治学谱系下进行观察和分析，对理论与现实之间的张力做出合理的解释，进一步提高我们对现代化理论的理

---

① 习近平. 高举中国特色社会主义伟大旗帜 为全面建设社会主义现代化国家而团结奋斗：在中国共产党第二十次全国代表大会上的报告 [M]. 北京：人民出版社，2022：21.

解。从全球视野来看，中国式现代化事关两个重大问题。

第一个重大问题，即现代化是只存在一种模式，还是像万花筒般存在多种道路和多种可能？在西方国家的理论研究中，现代化道路很多时候被认为只存在一种模式，其他国家要想实现现代化只能学习西方国家。不管是日本，还是韩国和新加坡，其现代化道路都是西方现代化模式的扩展和延伸。在此话语叙事下，西方现代化成为一种普世的绝对的存在。由此，不难理解为何弗朗西斯·福山（Francis Fukuyama）在冷战结束之际相信历史会走向终结，西方的市场经济和民主政治成为唯一选择①。冷战结束后，市场经济和民主政治更是成为美国诊断世界问题的"灵丹妙药"，最终形成了"华盛顿共识"的政治叙事②。

中国现代化道路的成功，无疑将打破西方现代化的普世主义神话。然而，中国现代化面临的挑战是前所未有的。

其一，中国现代化的起点低。中国曾沦为半殖民地半封建国家，因而追求民族独立和开启现代化是同步进行的。中国通过反对帝国主义侵略和剥削实现了民族独立，这一事业艰巨无比，是一代代先辈抛头颅洒热血换来的。新中国成立后，如何平衡独立自主和学习外国经验的关系，一样考验着

---

① FUKUYAMA F. The end of history?[J]. The national interest, 1989(16): 3-18.
② WILLIAMSON J. Democracy and the "Washington Consensus" [J]. World development, 1993, 21(8): 1329-1336.

中国人民的智慧。

其二，中国现代化的时间短。工业化是现代化的核心和关键，不过中国在历史上接连错过了发展机遇。清末的洋务运动和民国时期的工业建设都算不上成功，新中国成立后中国才逐渐实现了真正意义上的工业化。然而，西方国家经历了两次工业革命，留给中国的战略机遇已然寥寥。作为后发国家，中国实现工业化和现代化的路径选择非常有限。德国经济学家弗里德里希·李斯特（Friedrich List）提出了与古典经济学家截然不同的思路，他以现实主义的思维看待国际关系，主张后发国家应该实行经济民族主义理论，通过政府干预经济来实现工业化①。中国作为后发国家，只能通过政府主导来缩短实现工业化的周期。

其三，中国现代化的规模大。党的二十大报告指出：中国式现代化是人口规模巨大的现代化。我国十四亿多人口整体迈进现代化社会，规模超过现有发达国家人口的总和，艰巨性和复杂性在历史上前所未有。这意味着，中国的工业化规模将是人类历史上史无前例的，这一历史进程同样对中国的治理体系和治理能力提出了前所未有的要求。中国不仅要经历西方国家现代化的老问题，还要面对中国现代化的新问题，人口规模巨大更是会放大这些问题，极大地增加了现代化的复杂性。

---

① 李斯特.政治经济学的国民体系[M].陈万煦，译.北京：商务印书馆，1961.

其四，中国现代化的难度高。中国是一个社会主义国家，在现代化道路上缺乏可资借鉴的对象。马克思曾经提出设想，俄国"有可能不通过资本主义制度的卡夫丁峡谷，而占有资本主义制度所创造的一切积极的成果"[①]。也就是说，可以超越资本主义生产发展的发达阶段，直接进入以公有制为基础的社会主义生产方式。正是基于这一理论，俄国爆发了十月革命。苏联成立后快速实现了工业化，在第二次世界大战中击败了德国法西斯的侵略，并在冷战中带领社会主义阵营与资本主义阵营分庭抗礼。不幸的是，苏联解体使得社会主义的现代化道路遭遇了严重挫折，中国主动承担起了社会主义现代化模式探索的历史重任。

中国的现代化需要同时迎接上述四项挑战，已经走出了一条越来越宽广的道路。中国式现代化的成功说明，实现现代化并非只有西方一种模式，可以是丰富多彩的。习近平在博鳌亚洲论坛2018年年会开幕式上的主旨演讲中指出："中国人民的成功实践昭示世人，通向现代化的道路不止一条，只要找准正确方向、驰而不息，条条大路通罗马。"[②]

第二个重大问题与第一个重大问题密切相关，即中国走

[①] 马克思.给维·伊·查苏利奇的复信[M]//马克思，恩格斯.马克思恩格斯全集：第25卷.2版.北京：人民出版社，2001：465.

[②] 习近平.开放共创繁荣 创新引领未来[M]//习近平.习近平外交演讲集：第2卷.北京：中央文献出版社，2022：96.

和平发展道路实现现代化能否行得通？自大航海时代以来，西方国家在宗教的旗号下，通过发动对外战争、开拓殖民地和进行海外掠夺积累了大量的原始资本，从而走上了工业化和现代化的道路。西方的现代化道路是以牺牲其他国家和地区的利益为代价的，给这些国家和地区带来了深重的灾难，造成了它们的长期落后。中国是现代化的后来者，已经明确拒绝通过战争、殖民和掠夺来实现现代化。那么，选择通过走和平发展道路来实现现代化是否可行？这是中国的重大战略选择，也是国际社会长期以来的疑虑。

当前国际局势急剧变化，世界正面临百年未有之大变局，中国现代化进程到了爬坡过坎的关键阶段。近年来，美国将中国视为其战略竞争对手，联合盟友遏制、围堵、打压中国，限制中国产业链向高端攀升，阻挠中国经济发展。在大变局之下，中国会不会继续走和平发展道路来实现现代化？虽然不少国家对此心存疑问，但是中国对此的回答是坚定明确的：中国会坚持走和平发展道路。中国能否继续选择走和平发展道路，在逻辑上，这不仅取决于中国的选择，更要看有些国家能否接受中国走和平发展道路，是否会不择手段，甚至通过非和平手段打断中国和平发展的进程。中国对此的回答也是坚定明确的：中国有能力走和平发展道路，并且有决心解决和平发展道路上遇到的所有问题和各种挑战。因此，有必要在理论和现实两个层面将这一问题弄清楚、讲明白，这也是本书的目标。

| 第一章 |

现代化的历程：从世界到中国

近代以来，西方国家掀起了人类历史上浩浩荡荡的现代化浪潮。西方国家开启的现代化伴随着两个不可分割的历史进程：一是西方国家的海外扩张，即它们进行的对外战争、殖民和掠夺给落后国家和地区带来了深重的灾难，最终形成了西方国家在国际社会中占据主导地位的局面；二是西方国家之间争夺霸权的斗争，即它们为了追求财富、权力和地位，在地区和全球层面进行了旷日持久的对抗、冲突和战争，客观上塑造了今天的国际体系和国际规范。中国的现代化进程，也是在这一宏大历史背景下发生的故事。党的二十大报告指出："我国不走一些国家通过战争、殖民、掠夺等方式实现现代化的老路，那种损人利己、充满血腥罪恶的老路给广大发展中国家人民带来深重苦难。"[①] 这不仅指出了西方国家现代化进程的"原罪"，更是为中国式现代化指明了前进方向。

---

① 习近平. 高举中国特色社会主义伟大旗帜 为全面建设社会主义现代化国家而团结奋斗：在中国共产党第二十次全国代表大会上的报告 [M]. 北京：人民出版社，2022：23.

第一节　西方国家的现代化之路

过去 500 多年，西方国家实现现代化走的是一条充满血腥和罪恶的道路。在这股历史大潮中，世界各地区和各国家所处的次序和位置是不一样的。最终的结果是，"历史使各政治体系处于'发展'或'现代化'的不同阶段上"[①]。从现代化的历程来看，西方国家占据了先发优势，从而在经济、科技和政治上引领了时代潮流，非西方国家和地区被裹挟进全球化的历史洪流而无法决定自身命运，最终陷入了被西方国家奴役和剥削的泥潭而不能自拔。为了更好地理解现代化的模式，有必要回顾西方国家的现代化道路。

一、西方国家通过战争实现现代化

在人类历史中，战争始终是最为常见的政治行为，对人类历史产生了深远的影响。近代以来，大多数战争由欧洲国

---
① 达尔.现代政治分析[M].王沪宁，陈峰，译.上海：上海译文出版社，1987：93.

家发起,并且集中在欧洲地区①。西方国家在现代化进程中选择了战争方式,武力征服在西方国家崛起中扮演了主要角色,这是不争的历史事实;战争反过来进一步加速了西方国家的现代化,推动了科学技术和政治制度的发展,这也是客观的历史进程。

近代以来,西方国家走上了对外侵略扩张道路,有着非常复杂的历史背景。具体而言,主要有三个方面的基础条件:

第一,西方国家的战争文化推动其走上对外侵略扩张道路。自古希腊、古罗马以来,西方国家的战争文化具有强调扩张和进攻的鲜明特征,使其在遇到挑战时推崇以武力方式来解决问题。近代以来,西方军事强权的持续扩张更是依靠其独特的战争方式,即强调技术、纪律和侵略性军事传统,具有"独一无二的变革能力和在必要的时候保持其作战的能力",以及愿意为变革提供金钱支持的能力②。因此,西方国家在战争文化上的进攻性是其扩张的重要条件。

第二,西方国家的科学技术有了突破性进展。文艺复兴以后,西方国家的科学技术取得了长足的发展,金属冶炼技术的提高、火药革命的发生、造船技术的进步,都极大地推

---

① LEVY J. War in the modern great power system: 1495-1975[M]. Lexington, Kentucky: The University Press of Kentucky, 1983: 10.
② 帕克,等. 剑桥战争史[M]. 傅景川,李军,李安琴,译. 长春:吉林人民出版社, 1999: 215.

动了西方国家的海外扩张。甚至可以说，西方国家在这一时期与世界其他地区开始产生技术代差。美国战争史学家杰弗里·帕克（Geoffrey Park）等就指出："西方人带到'新大陆'的战争武器中，令人印象深刻的就是他们的最新科技成果——火绳枪和最重要的大炮，用铁和铜铸成的大炮已经开始改变欧洲战争的形式。整个美洲大陆上的欧洲人都急于向当地人炫耀他们最新式的，也是最有威力的武器，后者也的确留下了深刻印象。"[1]在第一次和第二次工业革命以后，西方国家在军事技术上的领先优势进一步扩大，这无疑为其瓜分世界提供了技术保障。

第三，西方国家对外战争的经验积累。在大航海时代之前，欧洲已经与伊斯兰世界进行了长达数百年的战争，在此过程中积累了丰富的战争经验。到了15世纪，西方国家的航海技术、造船技术都有了长足的进步，具备了对外部世界的侵略和征服的知识基础。

在汹涌的历史大潮中，西方国家首先开启了对美洲的征服和对印第安人的屠杀，并将美洲变为西方国家的种植园和金银产地。接踵而至的是西方国家对亚洲的侵略：英国和法国携手肢解了奥斯曼土耳其帝国；俄罗斯选择了东进征服西伯利亚和中亚地区；英国击败其他殖民者而独占了印度；中

---

[1] 帕克，等.剑桥战争史[M].傅景川，李军，李安琴，译.长春：吉林人民出版社，1999：215.

国、日本、朝鲜三国更是接连遭受英法美等列强的入侵。在非洲，西方国家展开了长达几个世纪的殖民活动，并且捕猎黑奴进行贸易，并在 19 世纪末最终瓜分了非洲。

西方国家的对外扩张和对外战争，本质上是一种军事掠夺行为，客观上为其现代化积累了丰厚的原始资本。大量从海外掠夺来的财富，加上国内通过圈地运动等手段获得的原始资本积累，共同成为西方国家现代化的第一桶金。正如马克思在《资本论》中所指出的："美洲金银产地的发现，土著居民的被剿灭、被奴役和被埋葬于矿井，对东印度开始进行的征服和掠夺，非洲变成商业性地猎获黑人的场所——这一切标志着资本主义生产时代的曙光。这些田园诗式的过程是原始积累的主要因素。接踵而来的是欧洲各国以地球为战场而进行的商业战争。"[1] 西方国家频繁的对外战争和激烈的内部战争客观上推动了自身现代化的进程，使得其在政治制度、社会形态和科技创新上都发生了巨大的历史变革。

战争加速了西方国家的政治现代化。战争与政治、社会之间的关系非常复杂。在一定程度上，17 世纪西方君主专制国家的出现为军事变革奠定了基础[2]。然而，这种军事变革及其战争后果又进一步推动更加专业化、更加庞大和持久的军

---

[1] 马克思. 资本论（纪念版）：第 1 卷 [M]. 北京：人民出版社，2018：860-861.
[2] 布莱克. 军事革命？：1550—1800 年的军事变革与欧洲社会 [M]. 李海峰，梁本彬，译. 北京：北京大学出版社，2019：4.

事力量崛起，进一步促进了西方君主专制国家的发展。最具代表性的是战争推动西方国家产生了财税体制的革命：战争迫使西方国家致力于发展经济，建立筹措和管理支持战争的财政机构，包括银行、债券和信贷体系逐渐发展和成熟起来，借以从社会层面最大程度上获得金钱[1]。这与查尔斯·蒂利（Charles Tilly）的观点类似，即战争在欧洲国家的发展过程中起到了关键作用：战争能够深度塑造国家结构，是推动欧洲国家从传统国家最终转变为民族国家的主要力量，尤其是强制和资本，成为最终决定战争胜利的关键因素，即国家为了赢得战争胜利，必须垄断和强化强制力量，更多地汲取资源和动员人员[2]。

战争还塑造了西方国家的社会形态。近代以来，西方的国家形态发展出现了重大的转变，由传统封建国家逐渐转变为民族国家。在此过程中，西方列强之间长年累月的战争推动了各国国内政治和社会的革命和改革。历史地看，欧洲国家出现了两股密切相关的政治思潮，即社会层面追求扩大自由和国家层面追求强化君主制。在三十年战争后，这两股思潮也推动了民族国家的形成和发展。法国大革命不仅培育了

---

[1] 肯尼迪. 大国的兴衰：自1500—2000年经济变化和军事冲突[M]. 天津编译中心, 译. 成都：四川人民出版社, 1988: 92-103.
[2] TILLY C. Coercion, capital, and European states, AD 990-1990[M]. Cambridge, Mass.：Basil Blackwell, 1990.

平等和自由的观念，更是强化了民族主义和爱国精神的潮流，使之能够动员社会中的各个阶级，能够唤醒民众对国家的热爱，将忠诚对象从宗教或君主转移到国家。欧洲在经历了1848年革命之后，最终形成了民族国家的政治形态。

战争也客观上推动了科学技术的进步。由于战争的强大需求，西方国家耗费巨资进行科学技术研发，其结果是军备竞赛客观上推动了人类社会的科学技术进步。尤其是在18—19世纪，西方国家相继爆发了第一次和第二次工业革命，反过来推动了大国力量的重组，武器装备也以前所未有的速度迭代。社会层面的民族主义逐渐成熟，以及巨大杀伤力武器装备的出现，使得战争开始以可怕、充斥杀戮的面目出现，并最终导致了第一次世界大战和第二次世界大战的爆发。

二、西方国家通过殖民实现现代化

在世界历史上，不少文明存在殖民行为。然而，殖民作为一种历史运动，集中出现在近代以来西方国家的海外扩张过程中。西方国家通过战争和征服，对世界其他国家和地区进行大规模殖民，极大地加速了自身的现代化进程。

大航海以后，葡萄牙和西班牙掀起了欧洲海外拓展殖民地的浪潮，成为当时主要的殖民国家。哥伦布发现美洲以后，引起了葡萄牙和西班牙瓜分美洲的狂潮,导致两国关系紧张。教皇亚历山大六世出面调停,并在1493年5月4日做出决定,两国以亚速尔群岛和佛得角群岛以西100里格(约等于3英里)的子午线为分界线,以西归西班牙,以东归葡萄牙。1500年葡萄牙占领巴西,以及1521年麦哲伦侵入菲律宾,重新引起葡萄牙和西班牙关系的紧张。后两国在教皇调解下于1529年签订《萨拉戈萨条约》,西班牙独占巴西以外的美洲,随后两国在美洲和东方开拓殖民地,建立贸易路线,进行军事控制。

17世纪后,英法荷三国也加入到海外殖民活动中,分别在北美和东方建立了殖民地,这引起了新一轮的争夺。在一定程度上,虽然英法荷三国是海外殖民的后来者,但是它们在殖民地开发和全球化进程中的塑造作用更为深远。如果说葡萄牙和西班牙更多是占领土地和开采金银,英法荷三国则是将殖民地纳入了全球贸易体系,在治理模式、经济结构和文化形成上渗透且塑造得更为深入、更为彻底。尤其是英国,逐渐占领了北美、大洋洲、印度、南非和埃及,缔造了日不落帝国。一方面,英国通过战争、传教和贸易,将殖民地纳入统治范围,并且深刻影响了这些地区的现代化进程;另一方面,英国从殖民地获得了大量的金银和原材料,然后向这些地区输出商品,从而积累了大量的原始资本,这为英国的工业革命奠定了物质基础,加速了英国的现代化进程。

19世纪70年代，德国完成统一后，致力于发展海军，并积极开拓殖民地。南北战争之后，美国国内帝国主义的思想开始生长，建立海外殖民地的呼声日益高涨。在这一时期，欧洲国家的探险家们致力于世界探险，新旧列强也重新开启了殖民扩张，对殖民地的争夺达到一个前所未有的程度，世界历史进入帝国主义的时代。尤其是在非洲，殖民扩张进入了新的阶段。英国学者安德鲁·罗伯茨（Andrew Roberts）就认为："帝国统治在非洲的确立，赋予了非洲大陆上的白人事业以全新意义，这尤其表现在白人事业的目标和手段上。"[1]据统计，"从1878年到1914年，欧洲控制的领土新增了2 200万平方千米。第一次世界大战前夕，欧洲和美国拥有的殖民地人口加起来占世界人口的57%"[2]。

对于这一历史，霍布森认为，帝国主义国家致力于为国内工业巨头向海外输出过剩商品和过剩资本，成为推动西方列强发动对外战争的根源之一。西方国家的帝国主义具有侵略性，推动了军国主义的形成，加剧了列强之间争夺霸权的战争。霍布森犀利的批评诠释了这一历史进程："帝国主义……除了加剧战争风险之外，它还带来了军国主义的慢性

---

[1] 罗伯茨.剑桥非洲史：20世纪卷（1905—1940）[M].赵俊，译.杭州：浙江人民出版社，2019：20.
[2] 埃文斯.竞逐权力：1815—1914[M].胡利平，译.北京：中信出版社，2018：834.

危险和恶化，不但消耗了国家的物质和精神资源，还妨害了文明的进程。"①

三、西方国家通过掠夺实现现代化

近代以来，西方国家经济的快速发展和现代化的最终实现，离不开它们对非西方世界的掠夺。西方国家掠夺的不仅仅有金银等贵金属，还有经济发展所必需的人口和原材料等生产要素，由此形成了不平等生产结构。

西班牙及其他西方殖民国家对美洲的金银掠夺是其实现现代化过程中的关键组成部分。沃德·巴雷特（Ward Barrett）认为，1493—1800年，全世界85%的白银和70%的黄金出自美洲；其中，美洲在1545—1800年间出产了133 574吨白银②。根据美国经济史学家厄尔·汉密尔顿（Earl J. Hamilton）的统计，在1503—1660年间，西班牙登记在册的公共和个人财富进口总额为447 820 932比索③。西班牙持

---

① 霍布森.帝国主义[M].卢刚，译.北京：商务印书馆，2020：136-137.

② BARRETT W. World bullion flows, 1450-1800[M]//TRACY J D. The rise of merchant empires: long-distance trade in the early modern world 1350-1750. Cambridge：Cambridge University Press, 1993：224, 237.

③ HAMILTON E J. American treasure and the price revolution in Spain, 1501-1650[M]. Cambridge, Mass.：Harvard University Press, 1934：34-38.

续输入巨量的金银等贵金属,然后通过贸易流向欧洲其他国家,引起了价格革命——通货膨胀和物价上涨重塑了欧洲的经济结构,极大地推动了欧洲资本主义经济的发展。

在西班牙运输掠夺自美洲的金银等贵金属之时,英国更是成为掠夺西班牙的猎手,这种海盗式掠夺给英国带来了巨量的财富。据统计,"英国在1585—1604年间与西班牙多次发生战事,每年差不多有100～200艘船负责在加勒比海骚扰西班牙船只,掠夺回来的财物每年至少价值20万英镑"[①]。除了对西班牙的海盗式掠夺,英国对世界其他国家和地区的掠夺同样罪恶滔天,在中国贩卖鸦片、火烧圆明园等罪行更是世人皆知。对此,英国历史学者尼尔·弗格森(Niall Ferguson)就直言:"大英帝国就是通过这种方式发家的:漂洋过海用暴力和劫掠的手段给当地人民带来灾难。"[②]对落后国家和地区进行的残酷掠夺,不仅为西方国家的现代化筹集了启动资金,也使大量的人类文明的瑰宝流入了西方国家的博物馆和艺术馆,为其罪恶行径遮上了文明的外衣。

更有甚者,西方主要殖民国家还大肆贩卖人口。新航路开辟后,西班牙、英国和法国等殖民大国从非洲掠夺大量人口,然后通过海路运输到美洲以开发殖民地。据估计,在

---

① 弗格森.帝国[M].雨珂,译.北京:中信出版社,2012:9.
② 弗格森.帝国[M].雨珂,译.北京:中信出版社,2012:3.

1500—1900年间，大约有1 800万非洲人被贩卖出口，其中有1 100万人被贩卖到美洲[①]。其中，英国经营的跨大西洋奴隶贸易是18世纪最大的商业贸易之一。在1808年美国国会禁止进口奴隶之前，英国向北美贩卖了60万名非洲奴隶[②]。奴隶贸易不仅为西方殖民大国积累了原始资本，还提供了价格低廉的人力资源，极大地促进了资本主义的经济发展。

西方国家的掠夺深度塑造了全球经济结构，使得全球其他国家和地区依附于西方。无论是依附论的"中心—边缘"概念，还是世界体系论将现代世界经济体系分为中心区、半边缘区和边缘区的结构，大都体现了世界经济体系的不平等和不均衡。世界政治、经济和社会不平衡发展的根源，不仅来自近代以来西方国家掠夺其他国家和地区的财富、原材料和人口的历史，也基于西方国家通过控制边缘国家的特权阶层对边缘国家进行控制和掠夺的现实[③]。只要这种结构性矛盾存在，不平等的世界经济体系就难以改变。

---

① KLEIN H S. The Atlantic slave trade[M]. 2nd ed. Cambridge：Cambridge University Press, 2020：130.
② SHAHK, ADOLPHE J. 400 years since slavery: a timeline of American history[R/OL]. （2019-08-16）[2023-01-25]. https：//www. theguardian. com/news/2019/aug/15/400-years-since-slavery-timeline.
③ GALTUNG J. A structural theory of imperialism[J]. Journal of peace research, 1971, 8（2）：81-117.

四、西方国家现代化的主要动力

回顾西方国家现代化的历程可以发现，其现代化模式并非设计出来的，而是西方国家通过扩张推进全球化的副产品，在很大程度上是一种无意识选择的历史产物。西方国家走上对外扩张道路，选择了通过战争、殖民和掠夺走进现代化，这其中主要有三个动力：

其一，传播宗教。在中世纪，西方世界的扩张性被保守的宗教所禁锢。欧洲国家在文艺复兴以后的科学精神和人文主义中获得了大解放，将人和社会生活置于现实世界中，基督教在精神层面进入新阶段。文艺复兴将欧洲从宗教的禁锢中解放出来，宗教思潮和人的解放迸发出惊人的力量。葡萄牙和西班牙在航海探险中寻找约翰长老和基督教国家，成为其走上海外扩张道路的重要思潮支撑。更为关键的是，罗马教会支持葡萄牙和西班牙的航海探险和殖民扩张，在宗教上赋予各种骑士组织和集团对异教徒发动战争的合法性，以扩张基督教的势力。

其二，扩展贸易。在世界历史上，贸易始终是推动国家扩张行为的核心因素之一。奥斯曼土耳其帝国崛起后，阻断了原本畅通的东西方贸易通道。西方国家为了获得东方的香料和金银，被迫选择从海路前往东方，由此开启了大航海时代。随着新航路打通，西方国家在15—18世纪兴起了重商主义的思潮，早期把追求金银等贵金属货币和相关的商业活动视为国家富强的标准，晚期更加注重贸易在增加国家财富中的作用。受此影响，西方国家相继建立了海外商业帝国，"从白银流动中汲取了能量，它们的资源更加充沛，竞争心更加活跃，更想斗出个你死我活"①。直接后果就是，这些国家在欧洲和欧洲之外爆发了激烈冲突。到了19世纪晚期，西方列强之间更是因为瓜分世界而矛盾激化，最终导致第一次世界大战爆发。

其三，争夺权力。在权力问题上，大多数西方国家信奉保守主义传统，对人类理性和进步表示怀疑，更加关注国际体系的资源稀缺性与人类社会的冲突性及竞争性。近代以来的人类历史，深刻展示了西方国家走过的历程：一方面积极开拓海外殖民地，对世界其他国家和地区进行掠夺；另一方面在欧洲和欧洲之外进行激烈竞争，频繁发动战争。在这种思维之下，西方国家追求势力范围，在走向现代化的道路上最终选择了帝国主义。

在上述三个动力的推动下，西方国家的现代化迸发出亘古未有的生产力，将人类社会的技术变革和全球化进程推到

---

① 格林格拉斯. 基督教欧洲的巨变：1517—1648[M]. 李书瑞，译. 北京：中信出版社，2018：127.

了史无前例的程度。不过，对于西方资本主义走过的现代化道路，马克斯·韦伯（Max Weber）看到了其内在本质，即帝国主义在海外扩张中存在肮脏和罪恶的一面："一般来说，无论在什么时代，帝国主义的资本主义，特别是建立在直接暴力和强迫劳动基础上的殖民掠夺式的资本主义，显然都能提供最大的赢利机会。这种机会要比寻找出口途径、致力于同其他政治实体成员进行和平贸易的工业经营活动通常能够获得的机会大得多。"[①] 这无疑是西方国家选择通过战争、殖民、掠夺等方式实现现代化的根本原因。

第二节　新中国成立以前的中国现代化探索

历史上，中华文明长期居于世界领先地位。不幸的是，明朝统治者放弃了以郑和七次下西洋为代表的航海探索。明朝中后期以后，中国厉行海禁政策，严格控制民间海外贸易，对外政策逐渐趋于闭关锁国。在同一时期，西方出现了文艺复兴，开启了浩浩荡荡的大航海和海外殖民活动。最终结果是西方世界首次大幅领先于中华文明，其科学技术发展日新

---

① 韦伯. 权力的结构 [M]// 马克斯·韦伯社会学文集. 阎克文，译. 北京：人民出版社，2010：163.

月异，中国则陷入闭关自封长达200余年，直至英国用坚船利炮再次打开了中国的大门。中国的现代化进程正是在这一背景下被迫开启的，其发展历程与西方国家有着重大差别。这意味着，中国的现代化过程必然是一条充满了艰难险阻的不平凡之路。

一、洋务运动与中国现代化的尝试

在西方列强打开中国国门之前，中国是一个独立自主的经济体系，长期以来在国际贸易中处于出超地位。为了改变对华贸易的入超情况，英国向中国贩卖鸦片。深受其害的中国民众要求禁绝鸦片，时任湖广总督林则徐上书道光皇帝，痛陈鸦片之毒祸，清政府最终决定禁烟。

1840年，英国发动了侵略中国的第一次鸦片战争，清政府战败。1842年，英国强迫清政府与之签订了不平等的《南京条约》，中国被迫对英国割地赔款开埠，中国的通商、财税、司法和外交权利受到严重侵害，主权独立和领土完整遭到破坏，开始沦为半殖民地半封建社会，由此开启了百余年的屈辱历史。1856年，英法两国为了扩大在华利益，对中国发动了第二次鸦片战争。英法联军攻取北京后大肆劫掠，并纵火焚毁了被誉为"万园之园"的圆明园。美国和沙俄也趁火打劫，坐收渔翁之利。1858年，四国强迫清政府分别与之签订了《天津条约》，1860年英法两国又强迫中国分别与之签订了《北京条约》，中国丧失了更多的领土和主权，中国社会的半殖民地半封建化程度进一步加深。

第一次鸦片战争后，清政府面临着前所未有的危机，国外列强虎狼环伺，国内阶级矛盾空前激化，洪秀全领导的太平天国运动更是沉重打击了清政府的统治。在内忧外患之下，清政府内部的开明者开始探索摆脱危机之路。林则徐是开眼看世界的第一人，他认识到中国与世界的差距，并主持翻译了《四洲志》，推动中国人放眼世界，挽救危亡。受林则徐所托，魏源编纂了《海国图志》，该书详细介绍了西方国家的政治、经济、军事、历史、地理和文化。该书明确提出其编纂目的是："为以夷攻夷而作，为以夷款夷而作，为师夷长技以制夷而作。"[①] 这些开明者是中国最早警醒的一批爱国知识分子，他们意识到应该向西方学习。

继林则徐、魏源之后，洋务派掀起了大规模引进学习西方先进科学技术的洋务运动。洋务派主张的师夷长技主要体现在三个方面：一是创办新式军事工业，组建新式海军和陆军；二是兴办近代企业，发展民用工业；三是开设新式学堂，培养翻译、军事和技术人才。在这种思潮的推动下，以

---

① 魏源.海国图志：上卷[M].长沙：岳麓书社，1998：1.

曾国藩、李鸿章、张之洞和左宗棠等为首的洋务派创办了安庆内军械所、江南制造总局、福州船政局和天津机器局等一系列军工企业，以及轮船招商局、开平矿务局和湖北织布局等民用企业，极大地促进了中国现代化的进程。随着洋务运动的深入，以及中国外部环境的恶化，洋务派逐渐意识到中国与世界正在发生巨变。1872年，李鸿章在《筹议制造轮船未可裁撤折》中提出了"三千年未有之大变局"的观点[①]。

李鸿章等洋务派人士对"三千年未有之大变局"的认识，源自中国面临的内忧外患的处境。在内部，农民起义和边疆危机层出不穷，中国作为一个帝国面临着现代性危机；在外部，日本在明治维新后对中国虎视眈眈并在1874年侵略台湾，法国觊觎越南并于1883年挑起中法战争，中国国家主权危机重重，自身主导的地区秩序摇摇欲坠。中国内外危机的背后，本质是中华文明的政治制度、社会形态和知识体系遭遇到前所未有的挑战，运行了三千年的价值观念体系受到西方价值观念的强烈冲击，甚至有被颠覆的危险。归根结底，这是中国与西方在现代化上的程度差异造成的，即西方爆发了政治革命、社会革命和工业革命，第一次在知识体系、科学技术和认识水平上占据了绝对优势。面对如此危局，以李鸿章为代表的洋务派扮演了"裱糊匠"的角色，并不能有效

---

① 李鸿章. 筹议制造轮船未可裁撤折[M]// 顾廷龙, 戴逸. 李鸿章全集: 第5册. 合肥: 安徽教育出版社, 2008: 110.

应对"三千年未有之大变局"。1894—1895年,中国在中日甲午战争中惨败,这意味着洋务派无法带领中国完成现代化的历史重任。

中日甲午战争以后,帝国主义列强在中国大规模输出资本,竞相占领租借地、划分势力范围,掀起了瓜分中国的狂潮。对于如何实现现代化,中国当时有三种具有代表性的方案:一是以张之洞为代表的洋务派,进一步提出了中体西用的思路。张之洞在《劝学篇》中坦言:"吾恐中国之祸,不在四海之外而在九州之内矣。"[1] 针对中国面对的危局,他提出了基本思路:"中学为内学,西学为外学;中学治身心,西学应世事。"[2] 二是以康有为和梁启超为首的资产阶级维新派,为了拯救民族危亡,发起了维新变法运动,试图通过发起资产阶级改良运动来实现中国的现代化。然而,清政府顽固守旧力量仍然强大,洋务派和维新派的尝试都没有成功。三是以孙中山为代表的资产阶级革命派,主张通过革命推翻清王朝的统治,创立民国。在清王朝统治的最后十余年,内有义和团运动,外有八国联军侵华,尽管统治阶级最后发起了立宪运动,鼓吹实行君主立宪政体,但是已经难以挽救其统治。

---

[1] 张之洞. 劝学篇[M]. 上海:上海书店出版社,2002:1.
[2] 张之洞. 劝学篇[M]. 上海:上海书店出版社,2002:69.

二、中华民国与中国现代化的曲折进程

1911年,辛亥革命爆发,结束了中国两千多年的封建君主专制制度。1912年元旦,孙中山在南京就任临时大总统,宣告中华民国成立,南京临时参议院通过了《中华民国临时约法》,由此建立起亚洲第一个资产阶级民主共和国。然而,袁世凯在1912年3月篡夺了辛亥革命的胜利果实,北洋军阀政权建立。袁世凯去世后,中国出现了军阀割据的局面。由于革命受挫,孙中山在上海闭门著书,总结了自己的革命经历和政治理念。在1919年出版的《建国方略》一书中,孙中山描绘了中国实现现代化的宏伟蓝图,对中国交通建设、修建海港、发展水利、发展农业和植树造林等方面提出了实业兴国的方案。孙中山在"实业计划"部分指出,作为后发国家,中国应该将第一次工业革命和第二次工业革命同时推进,最终实现工业化:

> 中国今尚用手工为生产,未入工业革命之第一步,比之欧美已临第二革命者有殊。故于中国两种革命必须同时并举,既废手工采机器,又统一而国有之。于斯际中国正需机器,以营其巨大之农业,以出其丰富之矿产,

以建其无数之工厂，以扩张其运输，以发展其公用事业。然而消纳机器之市场，又正战后贸易之要者也。造巨炮之机器厂，可以改制蒸汽辘压，以治中国之道路；制装甲自动车之厂，可制货车以输送中国各地之生货；凡诸战争机器，——可变成平和器具，以开发中国潜在地中之富①。

第一次世界大战期间，欧洲列强忙于战事而无暇东顾，中国的民族工业获得了短暂的喘息机会，工业化取得了一些进步。然而中国要想富强，必须抛弃以往帝国的历史，重建一个强大的民族国家，加入西方主导的国际体系，废除列强强加于中国的不平等条约。北洋政府也意识到，中国最明智的策略是加入协约国一方，从而能在战后以战胜国的身份参加和会，进而谋求与西方国家平等的位置，以保证山东的权益不受损害。然而，巴黎和会拒绝了中国代表团的正义要求，将德国在山东的权益转让给了日本。此举激起了中国人民的极度愤慨，并导致了五四运动的爆发，中国进入了新民主主义革命时期。

从此时起，中国的现代化进程就进入到新的阶段。五四运动后，马克思主义在中国传播开来。1921年中共一大在上海召开，宣告了中国共产党的正式成立。在领导工人运动遭

---

① 孙中山.建国方略[M].北京：生活·读书·新知三联书店，2014：140.

遇挫折后，中国共产党决定与孙中山领导的国民党合作，建立革命统一战线。1924年1月，中国国民党召开第一次全国代表大会，最终实现了第一次国共合作。在中国共产党和苏联的帮助下，国民党创办了黄埔军校，并以此为基础组建了国民革命军。随后，国民革命军相继开展了东征和北伐，推翻了北洋军阀的统治，最终形式上统一了中国。然而，随着国民党右派争夺革命领导权，屠杀中国共产党人和革命群众，国共陷入了长达十年的对峙。

在国民政府的统治下，中国只完成了形式上的统一，军阀割据仍然存在，国家主权仍然没有完全独立，帝国主义仍然掌握着中国的经济命脉。尽管国民政府在工业化建设上取得了一些成绩，甚至出现了所谓的经济建设"黄金十年"，然而，中国的工业化进程仍然处于比较低的水平，距离成为一个工业化国家相距甚远，跟西方工业大国更是不可同日而语。更为严峻的是，中国面临的外部危机日益严峻，从九一八事变到七七事变，日本对中国的入侵直接打乱了中国现代化的节奏。1936年12月12日，西安事变爆发。中国共产党从大局出发，确定了和平解决西安事变的方针，开启了国共第二次合作，建立起抗日民族统一战线。最终在付出沉重的代价后，中国取得了抗日战争的伟大胜利。随后国共再次陷入内战，中国共产党领导中国人民最终取得了解放战争的胜利，推翻了国民党的反动统治，建立了人民当家作主的新中国，实现了民族独立、人民解放，为实现现代化创造了根本社会条件。

回顾这一时期的中国现代化过程，可以发现三个历史事实：一是中国缺乏一个统一的实现现代化的领导力量，中国国民党无法承担这个历史重任，最终历史的接力棒交到了中国共产党的手中。二是中国没有实现完全的民族独立和主权独立，现代化进程受制于帝国主义国家。不管是清政府还是国民党政府，都始终没有解决外部威胁的问题，始终受到西方国家的压迫和阻挠。三是中国人民为探索现代化道路付出了巨大的代价，其中艰难险阻之巨、流血牺牲之大，是史无前例的。

第三节 新中国成立以后的现代化道路

1949年10月1日，中华人民共和国成立，中国现代化进程进入新时期。在革命胜利之后，新中国第一代中央领导集体对中国现代化有着超越时代的清醒认识。1954年9月，周恩来在一届全国人大一次会议的政府工作报告中指出："我国的经济原来是很落后的。如果我们不建设起强大的现代化的工业、现代化的农业、现代化的交通运输业和现代化的国防，我们就不能摆脱落后和贫困，我们的革命就不能达到目的。"[①]1956年12月8日,毛泽东在同工商界人士的谈话中也指出:"革命是为建设扫清道路。"[②]然而,新中国成立之初中国一穷二白,生产力水平和生活水平都很低下,要改变这一状况,需要几代人持续不断的努力。

一、社会主义革命和建设时期的现代化

新中国成立以后,怎样建设新中国?如何推进中国的现代化?这是摆在新中国领导人面前的全新课题。回头来看,在社会主义革命和建设时期的现代化历程,新中国完成了四件大事,给中国实现现代化奠定了扎实的基础。

一是建立了带领中国走向现代化的强有力领导核心。近代以来,中国之所以积贫积弱,屡遭帝国主义国家的欺凌,根本原因在于缺乏一个领导全国的强有力的中央政府,缺乏一个高度现代性与高度组织化的领导核心。对中国这样长期陷入半殖民地半封建社会的国家而言,要想改天换地,要想破解后发劣势追赶西方先进国家,强大的领导核心是实现现代化的根本保证。一个强大的领导核心,可以帮助后发国家

---

① 周恩来.把我国建设成为强大的社会主义的现代化的工业国家[M]//周恩来.周恩来选集:下卷.北京:人民出版社,1984:132.
② 毛泽东.同工商界人士的谈话[M]//中共中央文献研究室.毛泽东文集:第7卷.北京:人民出版社,1999:182.

奠定实现现代化的三个基本前提：一是维持独立自主的国家主权，避免政治上被帝国主义控制、经济上沦为西方国家的附庸，从而丧失了赶超和翻盘的机会；二是政府主导建立的统一大市场，为经济建设和工业化奠定了基础；三是通过国家投资建立独立的工业体系，加速了工业化进程。

中国共产党是一个具有高度现代性且高度组织化的政党，领导中国人民取得新民主主义革命的胜利，彻底结束了旧中国一盘散沙的局面，最终建立了新中国。在中国共产党的领导下，中国在1956年完成了社会主义改造，确立了社会主义基本制度，并开始大规模进行社会主义现代化建设。所有这些历史成就，都是在以毛泽东同志为核心的党的第一代中央领导集体领导下取得的。更难能可贵的是，第一代中央领导集体对中国现代化的历史进程有着准确的判断。1952年12月，毛泽东就提出："准备以二十年时间完成中国的工业化。"[①]当然，第一代中央领导集体也认识到中国现代化的长期性和艰巨性。1956年9月24日，毛泽东指出："要使中国变成富强的国家，需要五十到一百年的时光。"[②]

二是实现了国家主权独立。第一代中央领导集体对近代

[①] 毛泽东.中央关于印发《中共中央关于实行精兵简政、增产节约、反对贪污、反对浪费和反对官僚主义的决定》的通知和毛泽东对决定稿的批语和修改[M]//中共中央文献研究室.建国以来毛泽东文稿：第2册.北京：中央文献出版社，1987：534.

[②] 毛泽东.吸取历史经验，反对大国沙文主义[M]//中共中央文献研究室.毛泽东文集：第7卷.北京：人民出版社，1999：124.

以来西方列强侵犯中国主权独立和领土完整有着切身体会和清醒认识，并认为主权独立是实现现代化的基本前提。毛泽东就指出，近代以来中国落伍"完全是被外国帝国主义和本国反动政府所压迫和剥削的结果"①。他继续说道："帝国主义是最吝啬的，根本不愿意帮助别的国家建立工业，他们撤走的时候没有给我们留下什么东西。"②为了实现国家主权独立，清除鸦片战争以来帝国主义套在中华民族脖子上的沉重枷锁，中国在对外方面采取了反对帝国主义的政策，彻底清算旧中国遗留的丧权辱国的外交遗产。新中国采取了"另起炉灶"、"打扫干净屋子再请客"和"一边倒"的外交政策方针，彻底废除了列强强加于中国的一系列不平等条约和帝国主义在中国的一切特权，肃清了帝国主义在中国的势力和影响，将国家主权牢牢掌握在中国人手中，使中国人民真正成为国家和社会的主人。新中国还选择倒向社会主义阵营，并在1950年2月14日与苏联签署了《中苏友好同盟互助条约》，与苏联缔结了同盟关系。

中国的现代化建设需要一个相对和平与稳定的外部环境。周恩来就认为："中国人民在解放自己的全部国土以后，需

---

① 毛泽东.中国人民站起来了[M]//中共中央文献研究室.建国以来毛泽东文稿：第1册.北京：中央文献出版社，1987：6.
② 毛泽东.要团结一切可以团结的力量[M]//中共中央文献研究室.毛泽东文集：第7卷.北京：人民出版社，1999：60.

要在和平而不受威胁的环境来恢复和发展自己的工农业生产和文化教育工作。"①然而，朝鲜战争爆发，以及美国出兵干涉并将战火烧至鸭绿江边，严重威胁到中国的周边安全。党中央和毛泽东经过慎重思考，意在"打得一拳开，免得百拳来"，最终做出了"抗美援朝，保家卫国"的战略决策，其中一个重要的考虑就是避免美国占领朝鲜半岛后会影响中国的现代化进程。在1950年10月13日给周恩来的电报中，毛泽东认为，入朝作战"对中国、对朝鲜、对东方、对世界都极为有利；而我们不出兵让敌人压至鸭绿江边，国内国际反动气焰增高，则对各方都不利，首先是对东北更不利，整个东北边防军将被吸住，南满电力将被控制"②。周恩来也认为："我国的重工业半数在东北，东北的工业半数在南部，都在敌人轰炸威胁的范围之内……如果美帝打到鸭绿江边，我们怎么能安定生产？"③事实也证明，抗美援朝"拼来了山河无恙、家国安宁"，是中华民族走向伟大复兴的里程碑。

三是完成了中国的社会革命。现代化不仅仅包括政治和经济的现代化，还包括社会的现代化。具体而言，有三个层

---

① 周恩来.中华人民共和国的外交政策[M]//中华人民共和国外交部，中共中央文献研究室.周恩来外交文选.北京：中央文献出版社，1990：23-24.
② 毛泽东.中国人民志愿军应当和必须入朝参战[M]//毛泽东文集：第6卷.北京：人民出版社，1999：103.
③ 周恩来.抗美援朝，保卫和平[M]//中华人民共和国外交部，中共中央文献研究室.周恩来外交文选.北京：中央文献出版社，1990：29.

面的社会变革极大地推动了中国的现代化进程：第一，新中国进行了土地改革和社会主义改造，改变了中国传统的经济社会结构，将中国改造为一个现代民族国家。第二，新中国大力普及教育，从20世纪50年代开始，开展了轰轰烈烈的扫盲运动，大幅降低了文盲率，提高了人民的知识水平，极大地推动了中国的现代化建设。第三，新中国还大力推动社会解放，建立起了平等思想，力求消除社会的不平等。尤其是，新中国积极推进中国的妇女解放进程，通过"男女平等"国策在全社会普及性别平等理念，女性撑起了社会主义现代化建设的"半边天"。

四是建立起了独立的工业体系。新中国成立初期，针对中国的工业水平毛泽东曾经感叹道："现在我们能造什么？能造桌子椅子，能造茶碗茶壶，能种粮食，还能磨成面粉，还能造纸，但是，一辆汽车、一架飞机、一辆坦克、一辆拖拉机都不能造。"[①]为了解决这一问题，新中国做了两个方面的努力：一方面是寻求苏联和东欧国家的援助。在第一个五年计划期间，苏联援建中国156个大型项目，大批援华专家来到中国帮助中国建设工业项目。这些项目的建设奠定了中国工业化的基础，极大地推动了中国重工业的发展。另一方面是通过农业补贴工业和国家投资，优先发展重工业来加速工业

---

① 毛泽东.关于中华人民共和国宪法草案[M]//中共中央文献研究室.毛泽东文集：第6卷.北京：人民出版社，1999：329.

化进程。在《论十大关系》中，毛泽东开宗明义要处理好重工业和轻工业、农业的关系，他指出："重工业是我国建设的重点。必须优先发展生产资料的生产，这是已经定了的。但是决不可以因此忽视生活资料尤其是粮食的生产。"[①]

这一时期中国的基本目的，就是初步建立一个独立的工业体系。对于如何实现中国的现代化，1954年9月召开的一届全国人大一次会议提出要建设"现代化的工业、现代化的农业、现代化的交通运输业和现代化的国防"。1956年11月10日，周恩来指出："我们的工业化，就是要使自己有一个独立的完整的工业体系……自己能够生产足够的主要的原材料；能够独立地制造机器，不仅能够制造一般的机器，还要能够制造重型机器和精密机器，能够制造新式的保卫自己的武器，像国防方面的原子弹、导弹、远程飞机，还要有相应的化学工业、动力工业、运输业、轻工业、农业等等。"[②]在1964年底到1965年初召开的三届全国人大一次会议上，周恩来在政府工作报告中提出"四个现代化"，即全面实现农业、工业、国防和科学技术的现代化。经过29年的建设，中国认真学习了苏联和东欧国家的工业建设经验，在国内培养

---

① 毛泽东. 论十大关系 [M]// 中共中央文献研究室. 建国以来重要文献选编：第8册. 北京：中央文献出版社，1994：244.
② 周恩来. 经济建设的几个方针性问题 [M]// 周恩来. 周恩来选集：下卷. 北京：人民出版社，1984：232.

了大量的理工科人才，研制了"两弹一星"，建立起独立的比较完整的工业体系和国民经济体系。

二、改革开放和社会主义现代化建设新时期的现代化

尽管社会主义革命和建设时期取得了诸多重大成就，但是也有"大跃进"和"文化大革命"等重大失误给中国现代化进程带来的挑战。对"文革"造成的沉重灾难，中国共产党进行了深刻反思，并调整了路线和方针。1978年12月13日，邓小平在中央工作会议上发表了题为《解放思想，实事求是，团结一致向前看》的讲话，成为解放思想和实事求是的宣言书。1978年党的十一届三中全会召开，中国共产党总结了中国革命和建设正反两个方面的经验，及时抓住国际环境宽松的战略机遇期，决定对内改革、对外开放，把党和国家的工作中心转移到经济建设上来，将中国现代化重新拉回到正确的轨道上，成为中国历史的伟大转折点。

十一届三中全会后，以邓小平同志为核心的党的第二代中央领导集体逐渐明确了中国现代化的基本目标。1979年3月30日，邓小平在党的理论工作务虚会上指出："我们当前以及今后相当长一个历史时期的主要任务是什么？一句话，

就是搞现代化建设。能否实现四个现代化，决定着我们国家的命运、民族的命运。"①从中可以看出，中国再次明确了实现现代化的主要任务，中国的现代化重新回到正确的轨道上，从而明确了前进方向：一方面，中国明确提出要走自己的路，建设有中国特色的社会主义。对此，邓小平指出："我们搞的现代化，是中国式的现代化。我们建设的社会主义，是有中国特色的社会主义。"②另一方面，中国制定了三步走发展战略，确立了社会主义初级阶段基本路线。1980年1月16日，邓小平提出要在20世纪实现四个现代化，80年代中国主要是做好在国际事务中反对霸权主义、实现祖国统一和加紧四个现代化建设三件事，其中核心是现代化建设③。

那么，如何实现中国的现代化？党的第二代中央领导集体的答案是坚持以经济建设为中心，实行改革开放，坚持解放和发展生产力。一是对内改革。推动以家庭联产承包责任制为主要内容的农村改革，农民获得了土地经营自主权，生产积极性空前提高。鼓励发展乡镇企业和民营经济，设立经济特区，允许一部分人、一部分地区先富起来，极大地解放

---

① 邓小平. 坚持四项基本原则[M]// 邓小平. 邓小平文选：第2卷. 2版. 北京：人民出版社，1994：162.
② 邓小平. 路子走对了，政策不会变[M]// 邓小平. 邓小平文选：第3卷. 北京：人民出版社，1993：29.
③ 邓小平. 目前的形势和任务[M]// 邓小平. 邓小平文选：第2卷. 2版. 北京：人民出版社，1994：239-240.

了生产力。重视教育工作，积极发展科学技术。邓小平指出："四个现代化，关键是科学技术的现代化。"① 因此，实现现代化的关键是发展科学技术，关键在于提高教育水平，培养合格人才。回头来看，这些因素都成为中国现代化走向成功的关键因素。二是对外开放。搞现代化建设，中国既缺少经验，又缺少知识，需要积极使用国外资金和技术，善于学习国外先进经验，重新融入国际市场，在国际市场分工中参与竞争。1978 年 10 月 10 日，在会见德意志联邦共和国新闻代表团时，邓小平就指出："要实现四个现代化，就要善于学习，大量取得国际上的帮助。要引进国际上的先进技术、先进装备，作为我们发展的起点。"② 为此，中国积极发展与以美国为首的西方国家的关系，同时缓和与苏联的关系，为现代化建设塑造了有利的外部环境。在这一时期，中国找到了现代化的新路，不仅通过国内改革扫除了经济发展的制度障碍，还通过对外开放重新融入国际社会，为中国经济腾飞奠定了基础。

随着东欧剧变和苏联解体，世界社会主义的发展进程遭受严重挫折，美国成为全球唯一的超级大国，中国外交遇到了空前巨大的压力。在此关键历史时期，以江泽民同志为核

---

① 邓小平.在全国科学大会开幕式上的讲话[M]//邓小平.邓小平文选：第 2 卷.2 版.北京：人民出版社，1994：86.
② 邓小平.实行开放政策，学习世界先进科学技术[M]//邓小平.邓小平文选：第 2 卷.2 版.北京：人民出版社，1994：133.

心的党的第三代中央领导集体始终坚持走中国特色社会主义道路，始终坚持以经济建设为中心，为中国式现代化的理论与实践积累了丰富的经验。以胡锦涛同志为总书记的党中央以科学发展观指导社会主义现代化建设，保证了中国现代化建设的连续性和稳定性，从理论和实践层面对中国式现代化道路进行了深化和拓展，为中国式现代化提供了充满新的活力的体制保证和快速发展的物质条件。

一是确立了社会主义市场经济体系。社会主义能不能发展市场经济，能不能建立社会主义市场经济体系，这是一个重大的理论和现实问题。江泽民曾指出："搞社会主义现代化，发展社会主义市场经济，没有现成的经验和模式，必须在实践中探索和创造。"[1]1992年10月，江泽民在党的十四大报告中宣布了中国经济体制改革的目标是建立社会主义市场经济体制。1997年9月，江泽民在党的十五大报告中提出要坚持和完善社会主义公有制为主体、多种所有制经济共同发展的基本经济制度，坚持按劳分配为主体、多种分配方式并存的分配制度，从而逐渐为中国式现代化奠定了体制基础。

二是科技事业有了巨大的飞跃。以江泽民同志为核心的党的第三代中央领导集体和以胡锦涛同志为总书记的党中央都高度重视科技事业。1995年5月26日，江泽民在全国科

---

[1] 江泽民.在新世纪把建设有中国特色社会主义事业继续推向前进[M]//江泽民.江泽民文选：第3卷.北京：人民出版社，2006：130.

技大会上指出："没有强大的科技实力，就没有社会主义的现代化。"①中国在现代化上是后发国家，长期以来人口多、底子薄，经济和社会发展水平比较落后。胡锦涛认为："我国生产力和科技教育整体水平还比较低，仍然面临着发达国家在经济科技等方面占优势的压力。"②因此，要实现社会主义现代化，必须依靠提高劳动者的生产效率，唯一途径是依靠教育提高民众知识水平和科学素养，"这是实现我国现代化的根本大计"③。为此，中国深化体制改革，重视科技人才的创造精神，不断促进科技进步。中国还积极进行顶层设计，选择重点科技领域以实现跨越式发展。2005年，国务院制定了《国家中长期科学和技术发展规划纲要（2006—2020年）》，对科技工作进行了战略规划，极大地推动了科技事业的发展。

三是国防现代化取得重大进展。改革开放以后，邓小平提出军队装备的现代化"要忍耐几年"④，国防和军队建设需要服务于国家经济建设大局。然而，海湾战争展示的高技术战争形态以及1996年台海危机都给中国带来了巨大的压力，推

---

① 江泽民.实施科教兴国战略[M]//江泽民.江泽民文选：第1卷.北京：人民出版社，2006：428.

② 胡锦涛.以扎实工作迎接党的十六大召开[M]//胡锦涛.胡锦涛文选：第1卷.北京：人民出版社，2016：557.

③ 江泽民.振兴民族的希望在教育[M]//江泽民.江泽民文选：第1卷.北京：人民出版社，2006：369.

④ 邓小平.在军委扩大会议上的讲话[M]//邓小平.邓小平文选：第3卷.北京：人民出版社，1993：128.

动了中国在国防建设上的战略转变,致力于打造一支现代化军队。1997年12月7日,江泽民指出,中国的国防现代化建设,"以打赢现代技术特别是高技术条件下的局部战争为基点",并提出了国防和军队现代化建设跨世纪发展的三步走战略[①]。在这一时期,中国制定了新时期军事战略方针,禁止军队进行经商活动,积极推进中国特色军事变革,加强人民军队革命化、现代化、正规化建设。1999年贝尔格莱德时间5月7日,中国驻南联盟大使馆遭到以美国为首的北约导弹袭击,进一步推动了中国在国防现代化上进行战略调整,即集中力量发展武器装备,"把国防科研和武器装备建设摆在提高军事实力的突出位置,增强我军打赢高技术战争的物质技术基础"[②]。进入新世纪,中国继续推进国防现代化进程。胡锦涛指出:"军事斗争准备是我军长期的主要战略任务,必须集中资源和力量继续抓紧抓好。"[③] 经过20余年的努力,中国加大了对国防现代化投入力度,在诸多核心技术上取得了重大突破,一大批武器装备和作战平台横空出世,大幅缩小了与美国的数量和技术差距,在军事现代化上取得了重大的成就。

---

① 江泽民.实现国防和军队现代化建设跨世纪发展的战略目标[M]//江泽民.江泽民文选:第2卷.北京:人民出版社,2006:83-84.
② 江泽民.十年来军委工作的回顾和总结[M]//江泽民.江泽民文选:第2卷.北京:人民出版社,2006:461.
③ 胡锦涛.在国防和军队建设中贯彻落实科学发展观[M]//胡锦涛.胡锦涛文选:第2卷.北京:人民出版社,2016:394.

四是采取韬光养晦的外交战略,提高对外开放水平。冷战结束后,美国一家独大,成为国际秩序的主导者,频繁在中美贸易问题和中国主权问题上做文章。在此复杂背景下,中国秉持"韬光养晦、有所作为"的外交方针,坚持走和平发展道路。中国还积极推进经贸体制改革,扩大对外开放,推动"复关"和"入世"工作,坚定融入国际经济体系。经过艰难谈判,中国于 2001 年 12 月正式加入世界贸易组织,从此驶入了经济腾飞的快车道。中国加入世界贸易组织是中国改革开放和现代化建设中的重大事件,对此,胡锦涛指出:"我们只有把这一决策放到当今世界发展变化的趋势和中国社会主义现代化建设跨世纪发展的大局中去审视,才能深入认识和真正理解其重要性和必要性。"[1]

三、中国特色社会主义新时代的现代化

党的十八大以来,国内外形势发生了巨大变化,以习近平同志为核心的党中央从理论和实践结合上系统回答了新时代坚持和发展什么样的中国特色社会主义、怎样坚持和发展中国特色社会主义这一重大时代课题。党的十九大站在新的

---

[1] 胡锦涛.抓紧做好加入世贸组织的准备工作 [M]// 胡锦涛.胡锦涛文选:第 1 卷.北京:人民出版社,2016:414.

历史起点上，对实现第二个百年奋斗目标做出分两个阶段推进的战略安排，提出到 2035 年基本实现社会主义现代化，到 21 世纪中叶把我国建成富强民主文明和谐美丽的社会主义现代化强国。党的二十大报告更是明确了新时代新征程党的中心任务是"团结带领全国各族人民全面建成社会主义现代化强国、实现第二个百年奋斗目标，以中国式现代化全面推进中华民族伟大复兴"。中国的现代化建设取得了巨大的历史成就，为中国式现代化提供了更为完善的制度保证、更为坚实的物质基础、更为主动的精神力量。

中国特色社会主义制度不断完善和发展，国家治理体系和治理能力现代化有了质的提升，全面深化改革取得了重大进展。随着经济和社会的快速发展，中国面临着全新的内部和外部环境。近年来，改革已经进入深水区，新矛盾和新挑战严峻，思想观念约束和利益固化藩篱逐渐强化，各方面体制机制弊端显现。为了解决这些问题，党和国家通过新一轮的机构改革，以及强化顶层设计，提高了国家治理体系和治理能力的现代化水平。新时代以来，党和国家致力于化解国家治理和经济社会发展中出现的问题与矛盾，增强了道路自信、理论自信、制度自信和文化自信。

新型工业化取得了重大成就。中国是一个超大规模的国家，14 亿多人口全部进入现代化并不是一件容易的事。因此必须走出一条新路，而新路"就在科技创新上，就在加快从要素驱动、投资规模驱动发展为主向以创新驱动发展为主的转变上"①。为此,中国于2015年制定了《中国制造2025》作为实施制造强国战略第一个十年的行动纲领,将新一代信息技术、高端装备、新材料、生物医药等作为战略重点。经过近十年的发展,中国在一系列战略性新兴产业上取得了举世瞩目的重大成就。在此仅举两例:一是在信息技术上,中国近年来在移动通信上实现了2G跟随、3G突破、4G同步、5G引领的跨越发展,建成了全球规模最大、技术领先的移动通信网络。据统计,截至2022年底,中国累计建设开通了5G基站231万个②。二是在卫星导航领域,2020年7月31日中国向世界宣布北斗三号全球卫星导航系统正式开通,北斗系统全面进入高质量发展新阶段。据统计,2021年我国卫星导航与位置服务产业总体产值达4 690亿元人民币③。北斗系统不仅全面赋能农业和通信等国家基础设施,还在智能手机等领域实现大规模应用,产生了巨大的社会经济效益。

全面建成了小康社会。新时代以来,中国坚持精准扶贫,

---

① 习近平.加快从要素驱动、投资规模驱动发展为主向以创新驱动为主的转变[M]//习近平.习近平谈治国理政:第1卷.2版.北京:外文出版社,2018:120.
② 中华人民共和国国务院新闻办公室.国新办举行"权威部门话开局"系列主题新闻发布会介绍"加快推进新型工业化 做强做优做大实体经济"[A/OL].(2023-03-01)[2023-03-02]. http://www.scio.gov.cn/xwfbh/xwbfbh/wqfbh/49421/49637/index.htm.
③ 中国卫星导航定位协会.中位协发布《2022中国卫星导航与位置服务产业发展白皮书》[R/OL].(2022-05-18)[2023-03-02]. http://www.glac.org.cn/index.php?m=content&c=index&a=show&catid=1&id=8845.

历史性地解决了绝对贫困问题，打赢了脱贫攻坚战，全面建成了小康社会。在新发展阶段，中国进一步提出扎实推动共同富裕，使全体人民享受到改革开放的普惠。此外，建设美丽中国，在环境保护上取得了显著成效。习近平指出："在新时代坚持和发展中国特色社会主义的基本方略中，坚持人与自然和谐共生是其中一条；在新发展理念中，绿色是其中一项；在三大攻坚战中，污染防治是其中一战；在到本世纪中叶建成社会主义现代化强国目标中，美丽中国是其中一个。"[1]随着中国工业化的深入，污染问题逐渐凸显，部分地区出现的严重雾霾是典型代表。为此，中国遵循"绿水青山就是金山银山"的理念，扎实推进环境保护和环境治理，人与自然和谐共生取得了显著成效。

军事现代化取得了重大进展。新时代以来，中国军事现代化取得了举世瞩目的成就。2013年3月11日，习近平提出党在新时代的强军目标，中国军事现代化不断加速。党的十八届三中全会后，党和国家筹划深化国防和军队改革。2016年1月1日，中央军委颁布了《中央军委关于深化国防和军队改革的意见》，全面推进国防和军队改革[2]。这次军队改革调

---

[1] 习近平.努力建设人与自然和谐共生的现代化[M]//习近平.习近平谈治国理政：第4卷.北京：外文出版社，2022：360-361.
[2] 中央军委.中央军委关于深化国防和军队改革的意见[EB/OL].（2016-01-01）[2023-03-04].http://www.mod.gov.cn/gfbw/qwfb/jwgghbzbgs/4917411.html.

整组建了军委机关15个职能部门,将第二炮兵更名为"火箭军",组建战略支援部队、联勤保障部队,建立健全了军委、战区两级联合作战指挥体制,重新调整划设东部、南部、西部、北部、中部五大战区,形成了"军委管总、战区主战、军种主建"的新格局。党的十九大报告提出,力争到2035年基本实现国防和军队现代化,到21世纪中叶把人民军队全面建成世界一流军队。回顾新时代以来的国防建设,中国在国防技术上取得了诸多突破:山东舰和福建舰航空母舰、055型驱逐舰和075型两栖攻击舰下水,极大地提升了我军的海上作战能力;歼20、运20和直20相继问世,在航空科技上快速追赶美国;反卫星武器、反导武器和反舰武器等领域有了长足进步;隐形飞机、高超音速武器、电磁炮和无人机等先进武器装备也取得了重大突破。党的二十大报告做出新部署:如期实现建军一百年奋斗目标,加快把人民军队建成世界一流军队,是全面建设社会主义现代化国家的战略要求。

小　结

回顾历史,西方国家和中国的现代化之路有着重大的差别。西方国家占据了先发优势,同时没有道德规范的约束,因此其实现现代化的道路充斥着战争、殖民、掠夺。中国没有西方国家的先发优势,只能白手起家,通过自我奋斗改变自身所处的绝境,依靠经济建设不断积累最终完成现代化。这就意味着,中国的现代化从一开始就面临着艰难险阻,需要克服其他国家难以比肩的困难。这也意味着,中国的现代化从一开始就具有无可比拟的合法性和道德优势。这是因为,中国走了一条与西方国家截然不同却又非常艰难的道路——和平发展道路。

| 第二章 |

中国现代化进程中对和平发展理念的探索

党的二十大报告指出，中国式现代化是走和平发展道路的现代化①。本质上，这是中国共产党明确向世界表明，在实现现代化这一战略目标上，中国不会通过战争和掠夺的方式，而是坚持正义和进步的原则，通过经济建设和国际合作的和平方式进行，这无疑给了世界坚定的承诺。然而，中国在现代化过程中选择走和平发展道路，确立独立自主的和平外交政策，却经历了较长的历史进程。中国走和平发展道路，本质上是由坚持和发展中国特色社会主义决定的，取决于所处世界的时代潮流、中国具有的内部属性和中国经历的历史遭遇三个关键因素，这也是中国式现代化的独特性之所在。

---

① 习近平. 高举中国特色社会主义伟大旗帜 为全面建设社会主义现代化国家而团结奋斗：在中国共产党第二十次全国代表大会上的报告 [M]. 北京：人民出版社，2022：23.

第一节　中国和平发展理念的探索

和平外交方针是中国长期坚持的原则，其理念起源于新中国成立之初。1949年9月30日，在第一届政治协商会议闭幕式上，毛泽东宣称中国"将联合一切爱好和平自由的国家、民族和人民"[①]。1954年6月，周恩来在访问印度和缅甸期间提出了和平共处五项原则，即"互相尊重主权和领土完整，互不侵犯，互不干涉内政，平等互利，和平共处"，这五项原则最终沉淀为中国外交的底色。然而，尽管新中国成立后执行了"一边倒"的政策，与苏联建立了同盟关系，但是中苏两国最终走向了关系破裂。中苏边境冲突爆发以后，中国开始调整外交战略。改革开放之后，邓小平基于国内外政治的变化和对历史经验的总结，主导确立了中国独立自主的和平外交政策，中国的现代化最终确立了走和平发展道路。

---

① 毛泽东.中国人民大团结万岁[M]//中共中央文献研究室.建国以来毛泽东文稿：第1册.北京：中央文献出版社，1987：11.

一、独立自主的和平外交政策的提出

中美关系正常化以后，中国在改革开放的初期高度重视对美国的外交工作，强化了联合美国抗衡苏联的外交政策。1979年，中国宣布不再续签《中苏友好同盟互助条约》，并同美国建立了外交关系，努力为中国经济建设争取一个有利的国际和平环境。然而，美国在对台军售问题上屡屡不兑现承诺，苏联也有意寻求改善中苏关系。在此背景下，中国寻求调整外交政策的方针。以邓小平同志为主要代表的中国共产党人制定了到21世纪中叶分三步走、基本实现社会主义现代化的发展战略，并提出了独立自主的外交政策。

1980年1月16日，邓小平阐明了中国外交政策的基本意图："我们的对外政策，就本国来说，是要寻求一个和平的环境来实现四个现代化。"[1]1982年9月1日，在党的十二大上，邓小平提出了中国要执行独立自主的对外政策，他指出："独立自主、自力更生，无论过去、现在和将来，都是我们的立足点……任何外国不要指望中国做他们的附庸，不要指望

---

[1] 邓小平. 目前的形势和任务[M]// 邓小平. 邓小平文选：第2卷.2版.北京：人民出版社，1994：241.

中国会吞下损害我国利益的苦果。"①在党的十二大报告中，胡耀邦重申了这一政策：中国坚持独立自主的对外政策，"决不依附于任何大国或者国家集团，决不屈服于任何大国的压力"②。在1982年12月4日通过的《宪法》中，中国更是明确宣示：

> 中国坚持独立自主的对外政策，坚持互相尊重主权和领土完整、互不侵犯、互不干涉内政、平等互利、和平共处的五项原则，发展同各国的外交关系和经济、文化的交流；坚持反对帝国主义、霸权主义、殖民主义，加强同世界各国人民的团结，支持被压迫民族和发展中国家争取和维护民族独立、发展民族经济的正义斗争，为维护世界和平和促进人类进步事业而努力。

随后，中国独立自主的对外政策不断发展，逐渐成为这一时期中国外交的基本准则。1984年5月，在六届全国人大二次会议的政府工作报告中，独立自主的外交政策被表述为："任何时候，我们都从中国人民和世界人民的根本利益出发，根据事情的是非曲直，独立自主地决定我们的政策，决不迁

---

① 邓小平.中国共产党第十二次全国代表大会开幕词[M]//邓小平.邓小平文选：第3卷.北京：人民出版社，1993：3.

② 胡耀邦.全面开创社会主义现代化建设的新局面[M]//中共中央文献研究室.十二大以来重要文献选编（上）.北京：中央文献出版社，1986：39-40.

就于一时的事变，也不受任何外来压力所左右。"①核心内容主要包括四个方面：一是坚持和平外交政策，反对霸权主义，维护世界和平；二是对于一切国际事务，根据事情本身的是非曲直，决定自己的立场和政策；三是坚持从战略利益出发，放弃了以社会制度和意识形态划线的做法，根据中国人民的根本利益来制定外交政策；四是选择不结盟，坚持独立自主，不依附于任何大国。为此，邓小平带领中国在外交政策上进行了两个重大调整：

一是科学评估时代特征和国际形势，判定和平和发展是当今时代的两大主题。改革开放后，中国逐渐调整了对外部环境的评估，改变了战争不可避免这一战略判断，并以此作为制定外交政策的前提。1980年4月15日，邓小平在会见世界银行行长罗伯特·麦克纳马拉（Robert McNamara）时就做出判定：争取二十年的和平环境是可能的②。1985年3月4日，邓小平进一步提出了和平和发展是当今世界的两大问题。他说道："现在世界上真正大的问题，带全球性的战略问题，一个是和平问题，一个是经济问题或者说发展问题。"③1985

---

① 中共中央文献研究室.十二大以来重要文献选编（上）[M].北京：中央文献出版社，1986：494.
② 中共中央文献研究室.邓小平年谱：1975—1997（上）[M].北京：中央文献出版社，2004：620-621.
③ 邓小平.和平和发展是当代世界的两大问题[M]//邓小平.邓小平文选：第3卷.北京：人民出版社，1993：105.

年6月4日,邓小平在军委扩大会议上指出:"过去我们的观点一直是战争不可避免,而且迫在眉睫。"在评估了新形势后,他得出结论:"在较长时间内不发生大规模的世界战争是有可能的,维护世界和平是有希望的。"[①] 正是在这种认识下,中国坚定地以经济建设为中心,坚持改革开放,积极融入国际社会。也正是因为如此,中国坚持军队服从国家建设的大局,开展百万大裁军,用实际行动为维护世界和平做出贡献。

二是调整"一条线"战略,缓和与苏联的关系。1969年珍宝岛事件发生后,毛泽东开始思考调整外交战略。受毛泽东委托,陈毅、叶剑英、徐向前和聂荣臻四位元帅先后送交了《对战争形势的初步评估》和《对目前局势的看法》两份报告,对打开中美关系局面进行了设想[②]。随后,基辛格秘密访华和尼克松访华后中美关系实现正常化,毛泽东提出了"一条线"的战略构想,为中国外部环境的改善奠定了基础。然而,不管是"一边倒",还是"一条线",都会时常陷入军事冲突和阵营对抗。为此,邓小平调整了中美苏战略大三角,高举反对霸权主义和维护世界和平的旗帜,继续维持与美国的良好关系,同时积极改善与苏联的关系。1982年3月24日,

---

[①] 邓小平.在军委扩大会议上的讲话[M]//邓小平.邓小平文选:第3卷.北京:人民出版社,1993:126-127.

[②] 熊向晖.我的情报与外交生涯[M].北京:中共党史出版社,2006:175-206.

苏共中央总书记勃列日涅夫在塔什干发表讲话，表达了愿意改善中苏关系的信号。勃列日涅夫去世后，中国与苏联积极接触。邓小平审时度势，改变了针对苏联的"一条线"战略，坚持独立自主的和平外交政策。1986年7月28日，苏共中央总书记戈尔巴乔夫在符拉迪沃斯托克发表讲话，愿意与中国改善关系，中苏关系逐渐走向缓和。

在这一时期，中国初步形成了独立自主的和平外交政策的基本理念。1986年3月，六届全国人大四次会议的政府工作报告从十个方面全面阐述了中国奉行的独立自主的和平外交政策的主要内容和基本原则，逐渐形成了较早的固定表述："中国从本国人民和世界人民的长远利益出发……中国在任何时候和任何情况下都坚持独立自主，对一切国际问题都根据其本身的是非曲直决定自己的态度和对策……中国决不依附于任何一个超级大国，也决不同它们任何一方结盟或建立战略关系……中国重视各国人民之间的交往。"[1]独立自主的和平外交政策理念的初步形成，对塑造中国现代化建设和平稳定的国际环境起到了关键作用。

---

[1] 中共中央文献研究室.十二大以来重要文献选编（中）[M].北京：中央文献出版社，1986：961-964.

二、独立自主的和平外交政策的发展

20世纪80年代末90年代初,国际形势风云变幻,邓小平提出了冷静观察、稳住阵脚、沉着应付、韬光养晦、有所作为的战略方针[①]。1989年9月4日,邓小平总结道:"对于国际局势,概括起来就是三句话:第一句话,冷静观察;第二句话,稳住阵脚;第三句话,沉着应对。"[②]1990年12月24日,邓小平又提出:"但在国际问题上无所作为不可能,还是要有所作为。"[③]这些睿智的外交格言,为身处危局中的中国外交指明了前进方向,逐渐帮助中国打开了外交局面,中国现代化建设的道路也越走越宽。

冷战结束后,江泽民继承并发展了独立自主的和平外交政策。一是继承并发展了邓小平提出的韬光养晦战略,将冷静观察、沉着应付、绝不当头、有所作为奉为指导中国外交的战略方针。1990年9月11日,江泽民坦言"世界社会主

---

① 刘华秋. 邓小平国际战略思想论要 [J]. 党的文献, 2007(2): 25.
② 邓小平. 改革开放政策稳定, 中国大有希望 [M]// 邓小平. 邓小平文选: 第3卷. 北京: 人民出版社, 1993: 321.
③ 邓小平. 善于利用时机解决发展问题 [M]// 邓小平. 邓小平文选: 第3卷. 北京: 人民出版社, 1993: 363.

义处在低潮",并要求"要顶住,硬着头皮顶住"①。1998年8月28日,江泽民在第九次驻外使节会议上发表重要讲话,他从中国的国情和国际力量对比出发,详细阐释了中国"要韬光养晦,收敛锋芒,保存自己,徐图发展"②。这些思想指导中国外交逐渐走出了困难时期。二是继承并发展了邓小平对国际形势的基本判断,强调和平与发展仍是当今时代的两大主题,国际形势总体趋向缓和,在相当长时期内避免新的世界大战是可能的,积极为我国现代化建设争取一个较长时期的和平国际环境和良好周边环境。对此,江泽民认为:"这是一个非常重要的战略判断,是我们集中精力进行经济建设的大前提。"③

20世纪90年代中后期,中国独立自主的和平外交政策逐渐成熟。1997年9月20日,江泽民在党的十五大报告中进一步坚持和发展了邓小平的外交思想,把中国奉行的独立自主的和平外交政策表述为:"对于一切国际事务,我们都要从中国人民和世界人民的根本利益出发,根据事情本身的是非曲直,决定自己的立场和政策,不屈从于任何外来压力,

---

① 江泽民.把我们的社会主义事业发展好[M]//江泽民.江泽民文选:第1卷.北京:人民出版社,2006:136.
② 江泽民.当前的国际形势和我们的外交工作[M]//江泽民.江泽民文选:第2卷.北京:人民出版社,2006:202.
③ 江泽民.国际形势和军事战略方针[M]//江泽民.江泽民文选:第1卷.北京:人民出版社,2006:278.

不同任何大国或国家集团结盟，不搞军事集团，不参加军备竞赛，不进行军事扩张。"①江泽民还提出了新安全观，呼吁国际社会追求共同安全，建立以互信、互利、平等、协作为核心的新安全观②。这一时期，学术界对于中国崛起的战略评估也逐渐多起来，主流观点认为尽管国际社会仍然存在冲突和战争的风险，但是中国与周边国家的安全利益分歧是可以通过和平方式解决的③。

21世纪以后，中国外交面临着全新的环境：一方面，中国在2001年加入世界贸易组织，与国际社会的融入程度更加深入；另一方面，"9·11"事件爆发使得美国将战略重心转移到全球反恐，中美之间在反恐问题和其他议题上存在诸多合作空间。对中国而言，这是一个重大的战略机遇期。在此背景下，学术界意识到中国可以走和平发展道路，从而具备了和平崛起的理论可能。黄仁伟就认为，中国坚持和平发展，"有可能造成和积累现存霸权难以存在的条件，同时也就是造成和积累中国在和平环境中崛起的条件，实现世界历史上从未有过的国际秩序的和平转变"④。随着中美关系的不断深化，

---

① 江泽民.高举邓小平理论伟大旗帜，把建设有中国特色社会主义事业全面推向二十一世纪[M]//江泽民.江泽民文选：第2卷.北京：人民出版社，2006：40.
② 江泽民.建立适应时代需要的新安全观[M]//江泽民.江泽民文选：第2卷.北京：人民出版社，2006：313.
③ 阎学通，王在邦，李忠诚，等.中国崛起：国际环境评估[M].天津：天津人民出版社，1998.
④ 黄仁伟.中国崛起的时间和空间[M].上海：上海社会科学院出版社，2002：54.

第二章 中国现代化进程中对和平发展理念的探索

以及中国学术界深度参与讨论,中国对和平发展道路有了更深的理解,并提出了"中国和平崛起"理念。

2003年11月3日,中共中央党校原常务副校长郑必坚在博鳌亚洲论坛上发表了题为《中国和平崛起新道路和亚洲的未来》的讲演,提出了"中国和平崛起"这一论题[①]。2003年12月10日,温家宝在哈佛大学发表了题为《把目光投向中国》的演讲,首次系统阐述了"中国和平崛起"的理念。"中国和平崛起"设想提出后,逐渐成为中国的重要外交理念。2005年8月1日,首次中美战略对话在北京举行,时任外交部党委书记、副部长戴秉国向时任美国国务院常务副国务卿罗伯特·佐利克(Robert B. Zoellick)重点介绍了中国坚持走和平发展道路的总体思想。他对佐利克说道:

> 中国在今后很长时期,大概有几代人、十几代人甚至几十代人想做的一件事、要做的一件事,就是中国的和平发展,即对内求和谐、求发展,对外求和平、求合作。这是我们一百年、一千年也不会动摇的一个方针。具体讲,就是通过和平而不是非和平的、侵略扩张的、掠夺性的方式,通过我们自己对自身制度的不断改革和完善,通过我们中国人自己的艰苦奋斗,发挥创造性、

---

① 郑必坚.中国和平崛起新道路和亚洲的未来:在2023年博鳌亚洲论坛的讲演[J].理论参考,2004(5):3-4.

积极性，通过我们同包括美国在内的世界各国持久友好相处、平等互利合作来实现上述目标，使占人类五分之一强的中国人能告别贫困，过上比较好的日子，使中国成为人人安居乐业、大家和睦相处，政治文明、物质文明、精神文明，人与自然都协调发展的国度，成为我们这一大家共同生活的"地球村"里的最负责任、最文明、最守法规秩序的成员①。

中国也积极向世界介绍中国和平崛起的理念。2005年9月15日，胡锦涛在联合国成立60周年首脑会议上重申了中国坚定不移走和平发展道路的主张②。中共中央党校原常务副校长郑必坚也在美国著名杂志《外交事务》上发表了题为《中国的和平崛起与大国地位》的文章，进一步介绍了中国和平崛起的理念，即中国走向现代化的道路将超越传统大国侵略、殖民、扩张或战争的崛起方式，通过和平手段获得资本、技术和资源推动，推进增量改革和国际关系民主化，寻求构建国际政治经济新秩序，不谋求在世界事务中的安全或主导地位③。2005年12月，中国政府发表《中国的和平发展道路》

---

① 戴秉国. 战略对话：戴秉国回忆录 [M]. 北京：人民出版社，2016：121.
② 胡锦涛. 努力建设持久和平、共同繁荣的和谐世界 [M]// 胡锦涛. 胡锦涛文选：第2卷. 北京：人民出版社，2016：355.
③ ZHENG B J. China's "peaceful rise" to great-power status[J]. Foreign affairs, 2005, 84（5）：18-24.

白皮书，进一步向世界宣示中国走和平发展道路的立场[1]。

中国和平崛起理念的提出以及相关姿态打动了佐利克，引起了美国政府的积极回应。随后，美国对中美关系进行新的思考。2005年9月21日，佐利克提出中美两国要做负责任的利益攸关方（stakeholder）[2]。中美战略对话一直持续到2008年，为中美战略沟通以及美国理解中国和平发展道路发挥了重要作用。2008年全球金融危机爆发后，中美两国在2009年适时举行了中美战略与经济对话。回顾这段历史，美国在2009年之前因全球反恐战争和全球金融危机而有求于中国，因此在回应中国和平崛起上颇为积极。

然而，随着美国全球战略的反思和调整，美国在2009年后逐渐批评中国在外交政策上越来越强势，"中国威胁论"和"中国是修正主义国家"的声音渐涨。为了应对国际社会的疑虑，中国坚持走和平发展道路。一方面，继续坚持韬光养晦的外交战略，为中国外交政策的方针定好了基调。2009年7月17日，胡锦涛在讲话中指出："实行韬光养晦、有所作为的战略方针，是我国国情和我们面临的世情决定的，是推动实现我国发展目标、维护我国根本利益、促进世界和平与发

---

[1] 中华人民共和国国务院新闻办公室.《中国的和平发展道路》白皮书[R/OL].（2005-12-22）[2023-02-10]. http://www.gov.cn/jrzg/2005-12/22/content_133974.htm.

[2] ZOELLICK R B. Whither China: from membership to responsibility? remarks to National Committee on U. S. -China relations[A/OL].（2005-09-21）[2023-02-10]. https://2001-2009.state.gov/s/d/former/zoellick/rem/53682.htm.

展的对外政策总目标总任务决定的，是经过长期外交实践证明了的正确方针……坚持韬光养晦，是中央全面分析整个国际力量对比、从确保实现我国和平发展长远目标出发作出的战略抉择。"① 另一方面，为了打消国际社会的疑虑，中国在2011年发布了《中国的和平发展》白皮书，再次向世界郑重宣告：中国将坚定不移沿着和平发展道路走下去②。在中美关系上，中国主动向美国发出了避免冲突的明确信号。2010年5月，在第二轮中美战略与经济对话期间，时任国务委员戴秉国提出了中美"开创全球化时代不同社会制度、文化传统和发展阶段的国家相互尊重、和谐相处、合作共赢的新型大国关系"③ 的初步设想。

三、新时代以来的和平发展道路

新时代以来，中国面临的外部形势发生重大转变。一方面，中国经济快速发展，缩小了与美国的经济差距，国际地位急速上升，中国的现代化取得了举世瞩目的重大成就。另

---

① 胡锦涛. 统筹国内国际两个大局，提高外交工作能力水平 [M]// 胡锦涛. 胡锦涛文选：第3卷. 北京：人民出版社，2016：236.
② 中华人民共和国国务院新闻办公室.《中国的和平发展》白皮书 [R/OL].（2011-09-06）[2023-02-10]. http://www.scio.gov.cn/tt/Document/1011394/1011394.htm.
③ 第二轮中美战略与经济对说话开幕 [N]. 人民日报，2010-05-25（1）.

一方面，美国逐渐走出了2008年全球金融危机的阴影，并调整了全球反恐战略，将注意力逐渐聚焦于应对中国崛起，并于2012年提出了亚太再平衡战略，中国的现代化面临着愈加严峻的外部环境。

面对新形势，中国坚定不移走和平发展道路。2013年1月28日，在主持十八届中央政治局第三次集体学习时，习近平强调："走和平发展道路，是我们党根据时代发展潮流和我国根本利益作出的战略抉择。"[①]2015年9月28日，习近平在第七十届联合国大会一般性辩论时的讲话中承诺："中国将始终做世界和平的建设者，坚定走和平发展道路，无论国际形势如何变化，无论自身如何发展，中国永不称霸、永不扩张、永不谋求势力范围。"[②]在做出坚持走和平发展道路承诺的同时，中国更加主动地进行战略谋划，并进行了一系列外交布局。

首先，科学概括了新型大国关系概念，提出了新型国际关系理念。2012年2月，习近平在访问美国时提出，努力把中美两国合作伙伴关系塑造成为21世纪的新型大国关系。2012年5月，在第四轮中美战略与经济对话中，胡锦涛提出

---

① 习近平.更好统筹国内国际两个大局，夯实走和平发展道路的基础[M]//习近平.习近平谈治国理政：第1卷.2版.北京：外文出版社，2018：247.
② 习近平.携手构建合作共赢新伙伴，同心打造人类命运共同体[M]//习近平.习近平谈治国理政：第2卷.北京：外文出版社，2017：525.

中美应该"努力发展让两国人民放心、让各国人民安心的新型大国关系"[①]。2013年6月7日，习近平在同美国总统奥巴马共同会见记者时，对新型大国关系的内涵进行了科学概括，提出了不冲突不对抗、相互尊重、合作共赢的原则[②]，旨在走出一条不同于历史上大国对抗冲突的新路。然而，由于国际环境的变化，美国逐渐调整了对华政策，因此并未接受这一战略框架。此外，在这一时期，中国还系统提出了新型国际关系理念，旨在促进世界和平。2013年3月23日，习近平在访问俄罗斯时在莫斯科国际关系学院发表演讲，他指出："各国应该共同推动建立以合作共赢为核心的新型国际关系，各国人民应该一起来维护世界和平、促进共同发展。"[③]2015年9月28日，习近平在第七十届联合国大会一般性辩论时的讲话中进一步阐释了以合作共赢为核心的新型国际关系的理念[④]。在这一时期，新型大国关系和新型国际关系理念的提出对中国应对日趋激烈的大国博弈，推动国际关系民主化起到了重要作用。

---

① 胡锦涛.推进互利共赢合作，发展新型大国关系[M]//胡锦涛.胡锦涛文选：第3卷. 北京：人民出版社，2016：584.
② 习近平.构建中美新型大国关系[M]//习近平.习近平谈治国理政：第1卷.2版. 北京：外文出版社，2018：279.
③ 习近平.顺应时代前进潮流，促进世界和平发展[M]//习近平.习近平谈治国理政：第1卷.2版.北京：外文出版社，2018：273.
④ 习近平.携手构建合作共赢新伙伴，同心打造人类命运共同体[M]//习近平.习近平谈治国理政：第2卷.北京：外文出版社，2017：522.

其次，做好周边外交工作，发起了"一带一路"倡议，设立了亚洲基础设施投资银行，提出了全球治理的战略愿景。新时代以来，面对全新的外部环境，中国外交进行了重大的战略运筹。在功能性战略设计上，中国适时提出了两个重大的战略愿景。一是提出"一带一路"倡议，搭建了新时代中国外交的国际合作平台。2013年9月7日，习近平在访问哈萨克斯坦时建议创新合作模式，"共同建设'丝绸之路经济带'……以点带面，从线到片，逐步形成区域大合作"[①]。同年10月3日，习近平在访问印度尼西亚时又提出共同建设21世纪"海上丝绸之路"。"一带一路"倡议"既对新时代我国开放空间布局进行了统筹谋划，又对中国与世界实现开放共赢的路径进行了顶层设计"[②]，成为中国外交中的重大战略愿景。二是设立了亚洲基础设施投资银行，为全球提供公共物品。2015年12月25日，首个由中国倡议设立的多边金融机构亚洲基础设施投资银行正式成立，成为国际多边合作的新典范。在结构性战略调整上，提升了周边外交的重要性。在世纪之交，中国确立了"大国是关键、周边是首要、发展中国家是基础、多边是重要舞台"的外交总体布局。党的十八

[①] 习近平.共同建设"丝绸之路经济带"[M]//习近平.习近平谈治国理政：第1卷.2版.北京：外文出版社，2018：289.
[②] 中共中央宣传部，中华人民共和国外交部.积极促进"一带一路"国际合作：关于新时代中国外交的重要合作平台[M]//习近平外交思想学习纲要.北京：人民出版社，2021：89.

大以后，中国将维护周边和平稳定视为周边外交的重要目标，"突出周边在我国发展大局和外交全局中的重要作用"①。这一调整有利于塑造良好的周边环境，有利于维护中国发展的战略机遇期，更有利于中国坚持走和平发展道路。

再次，积极参与全球治理体系改革和建设。改革开放以来，中国积极融入国际经济体系，深度参与全球治理事务。然而，随着国际力量此消彼长的变化，既有的全球治理体系在应对全球问题时难以发挥应有的作用。2015年10月12日，十八届中央政治局就全球治理格局和全球治理体制进行第二十七次集体学习，习近平在主持学习时强调：

> 要推动变革全球治理体制中不公正不合理的安排，推动国际货币基金组织、世界银行等国际经济金融组织切实反映国际格局的变化，特别是要增加新兴市场国家和发展中国家的代表性和发言权，推动各国在国际经济合作中权利平等、机会平等、规则平等，推进全球治理规则民主化、法治化，努力使全球治理体制更加平衡地反映大多数国家意愿和利益②。

---

① 习近平.坚持亲、诚、惠、容的周边外交理念[M]//习近平.习近平谈治国理政：第1卷.2版.北京：外文出版社，2018：296.
② 习近平在中共中央政治局第二十七次集体学习时强调 推动全球治理体制更加公平更加合理 为我国发展和世界和平创造有利条件[N].人民日报，2015-10-14（1）.

在逐渐走近世界舞台的中央后，中国成为全球治理变革进程的重要参与者、推动者、引领者。恰恰在此时期，经济全球化遇到了前所未有的挑战。2016年，英国公投决定脱欧和特朗普当选美国总统，民粹主义和贸易保护主义汹涌而来，显示出全球化遭遇了重大挫折。在此背景下，中国在全球治理上主动发挥建设性作用。2017年1月17日，习近平在世界经济论坛2017年年会开幕式的主旨演讲中指出："面对经济全球化带来的机遇和挑战，正确的选择是，充分利用一切机遇，合作应对一切挑战，引导好经济全球化走向。"①中国始终反对贸易保护主义，始终坚持多边主义，"始终是世界和平的建设者、全球发展的贡献者、国际秩序的维护者、公共产品的提供者"②。近年来，美国联合盟友对中国进行脱钩断链和去风险化，试图阻挠中国经济发展，将中国产业链锁定在中低端。面对美国的打压和遏制，中国的最佳选择是继续推动全球治理体系朝着更加合理的方向发展，通过科技创新和多边合作打破美国的封锁。

最后，构建人类命运共同体。党的十八大报告提出"合作共赢"理念，倡导"人类命运共同体"意识。2013年3月

---

① 习近平. 共担时代责任，共促全球发展 [M]// 习近平. 习近平谈治国理政：第2卷. 北京：外文出版社，2017：478.
② 习近平. 坚定信心，共克时艰，共建更加美好的世界 [M]// 习近平. 习近平谈治国理政：第4卷. 北京：外文出版社，2022：470.

23日，习近平出访俄罗斯并在莫斯科国际关系学院发表演讲，指出这个世界"越来越成为你中有我、我中有你的命运共同体"[①]。2015年3月28日，在博鳌亚洲论坛2015年年会的主旨演讲中，习近平提出了迈向命运共同体必须坚持相互尊重、平等对待，坚持合作共赢、共同发展，坚持实现共同、综合、合作、可持续的安全，必须坚持不同文明兼容并蓄、交流互鉴[②]。然而，世界面临百年未有之大变局，各种风险和挑战层出不穷，全球气候治理赤字加剧，民粹主义和贸易保护主义抬头，地区冲突和地缘政治对抗凸显，人类又走到了关键的十字路口，更加凸显了构建人类命运共同体的必要性和紧迫性。构建人类命运共同体，中国有两个方面的工作要做，即把自己的事情做好和给世界创造更多机遇。习近平指出："我们要把自己的事情做好，这本身就是对构建人类命运共同体的贡献。我们也要通过推动中国发展给世界创造更多机遇，通过深化自身实践探索人类社会发展规律并同世界各国分享。"[③]这意味着，中国必须拿出中国主张、中国智慧和中国方案，与世界其他国家一道，共同解决世界问题。

[①] 习近平.顺应时代前进潮流，促进世界和平发展[M]//习近平.习近平谈治国理政：第1卷.2版.北京：外文出版社，2018：272.
[②] 习近平.迈向命运共同体，开创亚洲新未来[M]//习近平.习近平外交演讲集：第1卷.北京：中央文献出版社，2022：231-234.
[③] 习近平.把世界各国人民对美好生活的向往变成现实[M]//习近平.习近平谈治国理政：第3卷.北京：外文出版社，2020：436.

综合以上不难发现，新中国自成立以来就提出了和平外交政策的理念，并在改革开放后形成了独立自主的和平外交政策，走上了和平发展道路。正是因为中国始终坚持走和平发展道路，积极融入国际社会，才为改革开放塑造了和平稳定的环境，保证了中国现代化事业的平稳发展。改革开放以来，中国在实现现代化的道路上始终走在正确的方向上，这种战略的设计和执行能力是中国成功的关键因素之一。当前，中国走和平发展道路面临的阻力越来越大，不确定性因素也越来越多，这无疑给我们提出了更高的战略要求。

第二节　中国走和平发展道路是真诚的

改革开放以来，中国始终承诺坚定不移走和平发展道路，历史也验证了中国是言行一致的。习近平曾指出："中国走和平发展道路，不是权宜之计，更不是外交辞令，而是从历史、现实、未来的客观判断中得出的结论，是思想自信和实践自觉的有机统一。"[①]然而，国际社会对中国仍然有大量的质疑声音，诸如：中国走和平发展道路是不是真心实意的？改革开

---

① 习近平.走和平发展道路是中国人民对实现自身发展目标的自信和自觉[M]//习近平.习近平谈治国理政：第1卷.2版.北京：外文出版社，2018：267.

放以来中国走和平发展道路的历史实践特殊在哪儿？未来中国是否还具备走和平发展道路的条件？这些问题涉及中国的和平发展道路能否走得通以及中国能否取信于世界的重大问题。事实上，中国走和平发展道路的基本条件并未有本质变化。中国所处的时代潮流、具有的内在属性和经历的历史遭遇，决定了中国走和平发展道路是真诚的。

一、中国所处的时代潮流

中国坚定不移走和平发展道路，是中国历届领导人对时代潮流深刻理解和把握的结果。新中国成立以来，尤其是改革开放以来，中国领导人始终强调实现现代化必须遵从时代潮流和历史规律，始终强调中国的现代化必须走新路，因为西方国家走过的老路已经走不通。2000年1月12日，江泽民指出："对涉及党和国家事业长远发展的事项，也要着眼于长远，着眼于未来，着眼于世界发展潮流，协调各方面力量加紧研究，拿出战略思路来。"[①]2013年1月28日，习近平指出："世界潮流，浩浩荡荡，顺之则昌，逆之则亡。纵观世界历史，依靠武力对外侵略扩张最终都是要失败的。这

---

① 江泽民.通报中央政治局常委"三讲"情况的讲话[M]//江泽民.江泽民文选：第2卷.北京：人民出版社，2006：580.

就是历史规律。"①中国领导人对现代化道路的系统论述,是在深刻把握时代特征和基本国情,研究借鉴大国兴衰史的经验教训的基础上,对国家现代化道路做出的正确选择。

回顾历史,中国在进行现代化建设的过程中一直不断调整大政方针,以顺应时代潮流。冷战结束后,中国领导人反复强调"世界要和平,人民要合作,国家要发展,社会要进步,是时代的潮流"。2014年3月28日,习近平在德国科尔伯基金会发表的演讲中,高度概括了中国为什么要顺应时代潮流,走和平发展道路:

> 历史告诉我们,一个国家要发展繁荣,必须把握和顺应世界发展大势,反之必然会被历史抛弃。什么是当今世界的潮流?答案只有一个,那就是和平、发展、合作、共赢。中国不认同"国强必霸"的陈旧逻辑。当今世界,殖民主义、霸权主义的老路还能走得通吗?答案是否定的。不仅走不通,而且一定会碰得头破血流。只有和平发展道路可以走得通。所以,中国将坚定不移走和平发展道路②。

---

① 习近平. 更好统筹国内国际两个大局,夯实走和平发展道路的基础 [M]// 习近平. 习近平谈治国理政:第1卷.2版.北京:外文出版社,2018:248.
② 习近平. 走和平发展道路是中国人民对实现自身发展目标的自信和自觉 [M]// 习近平. 习近平谈治国理政:第1卷.2版.北京:外文出版社,2018:266.

在这一逻辑之下，中国在政策上紧紧把握时代潮流。那么，中国面对的时代潮流是什么？改革开放后，历届中国领导人根据时代特征，提炼和归纳出和平与发展这一时代主题。冷战结束后，国际社会更是趋于稳定与和平，发展成为世界各国的主要任务。具体而言，中国紧紧把握时代潮流的举措主要包括：

一是坚持对外开放，积极融入国际社会。改革开放前后，中国领导人已经意识到时代潮流发生了重大变化。邓小平曾指出："现在的世界是开放的世界。"① 也就是说，中国发展不能离开世界，闭关锁国是行不通的，关起门来搞建设是不能成功的。冷战结束后，尽管中国与外部世界的关系遭受冲击，但是中国坚持独立自主的和平外交政策，积极发展与各国的合作关系，经受住了国际环境变化的冲击。党和国家坚决贯彻邓小平提出的冷静观察、沉着应付、绝不当头、有所作为的战略方针，不断开拓外交新局面，积极融入国际社会。2000年4月9日，胡锦涛指出："我国加入世贸组织，符合世界发展潮流，符合我国根本利益，不仅具有重要经济意义，而且具有重要政治意义，必将对我国改革开放和现代化建设产生深远影响。"② 为此，中国最终在2001年加入世界贸易组

---

① 邓小平.建设有中国特色的社会主义[M]//邓小平.邓小平文选：第3卷.北京：人民出版社，1993：64.
② 胡锦涛.抓紧做好加入世贸组织的准备工作[M]//胡锦涛.胡锦涛文选：第1卷.北京：人民出版社，2016：416.

织，极大地推动了中国现代化的进程。

二是坚持以经济建设为中心，坚信和平与发展是时代主题。邓小平敏锐而深刻地把握住时代特征和国际大势的变化，对中国和世界的发展与变化趋势进行了准确判断，提出了和平与发展是时代的主题这一重要论断，为中国深化改革开放和现代化建设提供了思想基础和基本依据。在此理念的指导下，中国在改革开放后始终坚持以经济建设为中心，历届领导人逐渐形成了基本共识，即"经济优先已成为世界潮流"[1]。"在和平与发展为主题的时代，发动战争的难度要比过去大大增大。"[2]中国领导人也意识到，和平、发展和合作已经成为一股不可抗拒的历史潮流，逆势而上走扩张和战争的道路是行不通的。即使从现实利益来权衡，中国发展经济也需要安全稳定的外部环境，一个动荡和冲突的外部环境不符合中国的利益。因此，通过战争和掠夺实现现代化，已经不符合国际社会的时代潮流。

三是坚持不结盟政策，拒绝阵营对抗和势力范围。改革开放后，中国逐渐形成了独立自主的和平外交政策，放弃了结盟政策。中国坚持不结盟政策，既是基于对自身结盟历史

---

[1] 江泽民.对亚太经济合作的原则建议 [M]// 江泽民.江泽民文选：第1卷.北京：人民出版社，2006：414.
[2] 吴建民.把握时代特点，走和平发展道路 [M]// 吴建民.外交与国际关系：吴建民的看法与思考.北京：中国人民大学出版社，2006：53.

的经验和教训总结，也是对和平与发展时代主题判断之后的选择。对中国来说，结盟政策的成本大于收益，不仅不符合中国预防性的国防战略，也不利于中国改革开放的基本国策。此外，随着独立自主的和平外交政策形成，中国拒绝在阵营对抗中选边站队，不谋求所谓的"势力范围"，也无意搞地缘竞争。邓小平就曾经指出："'大家庭'方式，'集团政治'方式，'势力范围'方式，都会带来矛盾，激化国际局势。"[1]2001年8月6日，江泽民在周边安全问题座谈会上也阐述了中国的基本原则："我们不强加于人，不干涉别国内政，更不谋求自己的势力范围。"[2]2004年12月24日，胡锦涛在中央军委扩大会议上指出："历史上，一些国家崛起，往往走的是对外掠夺扩张的道路，导致世界秩序急剧变动甚至引发战争。这种殖民主义、帝国主义的旧方式不符合历史潮流。"[3]针对一些美国人质疑中国要把美国挤出亚洲的论调，中国也发出了清晰的信号："中国没有意愿、没有必要、也没有能力把美国挤出亚洲。恰恰相反，美国在亚洲的合理存在是符合中美双方利益的。"[4]针对"中美共治论"，胡锦涛也郑重回应："我

---

[1] 邓小平.和平共处原则具有强大生命力[M]// 邓小平.邓小平文选：第3卷.北京：人民出版社，1993：96.

[2] 江泽民.同周边国家发展睦邻友好关系[M]// 江泽民.江泽民文选：第3卷.北京：人民出版社，2006：315.

[3] 胡锦涛.我军在新世纪新阶段的历史使命[M]// 胡锦涛.胡锦涛文选：第1卷.北京：人民出版社，2016：260.

[4] 戴秉国.战略对话：戴秉国回忆录[M].北京：人民出版社，2016：122.

们是不能赞同的,因为这违背了世界多极化潮流,也不符合我国独立自主的和平外交政策。"①新时代以来,中国在不断恶化的外部环境中仍然坚持走和平发展道路,习近平也多次重申:"中国不谋求地区事务主导权,不经营势力范围。"②

二、中国具有的内在属性

中国坚定不移走和平发展道路,是由自身的内在属性决定的。具体而言,中国的传统文化特质、社会主义制度和改革开放基本国策都决定了中国能够并且必须走和平发展道路。

第一,中国的传统文化追求和平理念。中国的传统文化推崇和平而非战争。其一,中国的传统文化主要是一种农耕文化,与游牧文化和海洋文化有着本质区别:更加内敛和平,发动对外扩张的意愿较低。中国历史上的战争,多是反击游牧民族的入侵,主动侵略的比重很低。尽管张骞出使西域最初是出于反击匈奴的目的,最终却完成了"凿空"伟业,打通了东方通往西方的道路。明代航海家郑和七次下西洋,并

---

① 胡锦涛.统筹国内国际两个大局,提高外交工作能力水平[M]//胡锦涛.胡锦涛文选:第3卷.北京:人民出版社,2016:238.
② 习近平.共同建设"丝绸之路经济带"[M]//习近平.习近平谈治国理政:第1卷.2版.北京:外文出版社,2018:288.

未进行殖民和扩张，而是通过商船和贸易宣扬了国威。陆上和海上丝绸之路的开辟，最终成为东西方交流与合作的桥梁。其二，中国的传统文化讲求和合文化，以儒家思想为代表的中国传统思想崇尚"和而不同"和"己所不欲，勿施于人"，并不崇尚战争和杀戮。正是基于以上因素，中国领导人才能够做出庄严承诺："中华民族传承和追求的是和平和睦和谐理念。我们过去没有，今后也不会侵略、欺负他人，不会称王称霸。"[①]

第二，中国的社会主义本质决定了要走和平发展道路。从近代以来的历史来看，国家性质决定了现代化的道路选择。西方走过的现代化道路，是军事和资本扩张的结果。也就是说，资本的扩张性和侵略性决定了其现代化必然通过战争、殖民和掠夺的方式来实现。与资本主义追求自由相比，社会主义更加注重平等，这会影响到现代化道路的选择。中国特色社会主义的本质更是与西方国家有重大区别，中国更加注重内部建设而非对外扩张。一方面，中国坚持改革开放，已经取得了巨大的历史成就。中国改革开放的实践已经验证了通过积极融入国际社会、利用好国际市场和国际资源、聚精会神搞国内建设的道路是行得通的。另一方面，中国现代化的外部环境与西方国家历史上所处的环境截然不同，不能进

---

① 习近平. 坚定信心，共克时艰，共建更加美好的世界 [M]// 习近平. 习近平谈治国理政：第4卷. 北京：外文出版社，2022：470.

行简单类比。对此，中国国家领导人一再重申，坚持走和平发展道路，是中国特色社会主义的本质要求，是我国独立自主的和平外交政策的应有之义。

第三，中国现代化走和平发展道路是由内政决定的。近代以来，中华民族的追求就是实现现代化，最终实现中华民族的伟大复兴。对于一个经历了百余年动荡的落后农业国家而言，最终要完成工业化和实现现代化，最需要的就是一个和平的外部环境。毛泽东就说过："经常打仗不好办事，养许多兵是会妨碍经济建设的。"[1]改革开放以来，中国更是坚持以经济建设为中心，提出"三步走"发展战略，扎实推进国内改革，积极参与国际合作，为世界经济发展和和平稳定做出了巨大贡献。章百家在总结了20世纪的中国外交史后认为："改变自己是中国力量的主要来源，改变自己也是中国影响世界的主要方式。"[2]冷战结束后，中国更是立足于社会主义初级阶段的基本国情，始终坚持改革开放的基本国策和"三步走"发展战略，而这需要一个和平稳定的国际环境。为了实现这一目标，中国在外交政策上实行韬光养晦、有所作为的战略方针，聚精会神搞建设，一心一意求发展，从而实现了

---

[1] 毛泽东.同英国工党代表团的谈话[M]//中共中央文献研究室.毛泽东文集：第6卷.北京：人民出版社，1999：340.
[2] 章百家.改变自己 影响世界：20世纪中国外交基本线索刍议[J].中国社会科学，2002（1）：4-19.

经济的腾飞。党的十八大明确提出了"两个一百年"奋斗目标，对于如何实现这一目标，中国有着清醒的战略认识。实现"两个一百年"奋斗目标，必须有和平的国际环境。对此，习近平指出："中国要聚精会神搞建设，需要两个基本条件，一个是和谐稳定的国内环境，一个是和平安宁的国际环境。"①因此，任何全球性和地区性的冲突和战争都不利于中国的经济发展，也不符合中国人民的根本利益。

三、中国经历的历史遭遇

中国实现现代化的道路与西方发达国家有着巨大差别。鸦片战争以后，中国逐步沦为半殖民地半封建社会。中国受尽列强欺辱和战争创伤，陷入了内部战乱和外敌入侵循环发生的绝境。在历经了西方列强100多年的侵略和盘剥后，中国已经国残家破，民生凋敝，一穷二白，国家地位更是降到五千年历史的最低点。中国的现代化建设正是在这种历史时空和现实基础上艰难进行的，是中国人民依靠自己勤劳的双手白手起家的，全然没有西方列强原始资本积累过程中的罪恶和血腥。因此，与西方列强依靠战争、殖民和掠夺相比，

---

① 习近平.走和平发展道路是中国人民对实现自身发展目标的自信和自觉[M]//习近平.习近平谈治国理政:第1卷.2版.北京:外文出版社,2018:265-266.

中国实现现代化通过和平发展，天然具备了合法性和正义性，拥有无可比拟的道义制高点。

新中国成立以来，中国在外交政策上一贯坚持反对帝国主义和霸权主义的原则，始终站在弱者和正义的一方。近代以来的悲惨遭遇，并未让中国学习西方列强的行为模式，再将自己的历史遭遇强加给其他民族。中国不会因为曾经受到其他国家的侵略和掠夺，就变成一个施暴者。中国拒绝以这种方式行事。中国人民对被侵略和被奴役的历史记忆，成为中国支持和平、反对战争的最强动力，也成为中国奉行独立自主的和平外交政策的道德基础。

中国人民对自身悲惨历史遭遇带来的苦难有着刻骨铭心的记忆，因而无比珍视稳定和和平。甚至可以说，100多年的屈辱史使得中国将对弱者的同情和对正义的支持内化为一种信仰，在全体中国人中产生了一种能够设身处地理解弱者的朴素情怀。1954年10月11日，周恩来在同日本国会议员访华团和日本学术文化访华团谈话时指出："近百年来，中国人民受罪受多了，我们不愿意把这种痛苦加在别人身上。我们懂得这个痛，我们同情别人的苦难。因此，希望亚洲各国能够和平共处，恢复正常关系，这对世界和平是有好处的。"[①]这种朴素的情感，一直贯穿于中国外交政策的方方面面。对

[①] 周恩来. 中日关系的关键是和平共处[M]//中华人民共和国外交部，中共中央文献研究室. 周恩来外交文选. 北京：中央文献出版社，1990：92.

此，习近平强调："为了和平，中国将始终坚持走和平发展道路。中华民族历来爱好和平。无论发展到哪一步，中国都永远不称霸、永远不搞扩张，永远不会把自身曾经经历过的悲惨遭遇强加给其他民族。"[①]

综合以上分析，当前中国所处的时代潮流、中国具有的内在属性，以及中国经历的历史遭遇，决定了中国走和平发展道路是真心实意的，是一种坚定不移的选择，并非一种临时起意的敷衍，更非无法示人的阴谋。尽管当前世界进入了新的动荡变革期，中国对国际社会的时代主题判断并未过时，走和平发展道路的决心也并未有丝毫动摇。

第三节　走和平发展道路促进了中国崛起

改革开放以来，中国坚持独立自主的和平外交政策，坚定不移走和平发展道路，积极融入全球经济体系，寻求与世界各国之间的国际合作，向国际社会展示了和平、合作、负责任的大国形象，塑造了稳定的国际格局，维持了和平的周边环境，为中国经济发展和现代化建设提供了坚实的基础，

---

① 习近平.铭记历史、缅怀先烈、珍爱和平、开创未来[M]//习近平.习近平谈治国理政：第2卷.北京：外文出版社，2017：446-447.

促进了中国崛起。

一、中国在维护世界和平与发展中获得了快速发展

中国在外交上高举和平、发展、合作、共赢旗帜，始终坚定维护世界和平与发展，并在维护世界和平与发展中获得了快速发展。2015年9月22日，习近平在访问美国发表演讲时就坦言："中国是现行国际体系的参与者、建设者、贡献者……中国发展得益于国际社会，中国也要为全球发展作出贡献。"[1]2017年1月17日，习近平在参加世界经济论坛时进一步指出，"中国是经济全球化的受益者"[2]。中国积极支持和参与现行国际体系，享受了这个体系带来的和平红利，充分利用了世界市场服务于中国的改革开放，这是中国过去40多年现代化建设取得伟大成就的外部支撑。尤其是加入世界贸易组织之后，中国经济快速腾飞，现代化建设步入了快车道。从经济发展、社会生活、国际交流和国防建设四个方面的若

---

[1] 习近平．"一带一路"是开放包容的[M]//习近平．习近平谈"一带一路"．北京：中央文献出版社，2018：75.
[2] 习近平．共担时代责任，共促全球发展[M]//习近平．习近平谈治国理政：第2卷．北京：外文出版社，2017：484.

干事实和数据[1]，可以窥得中国走和平发展道路带来的实实在在的好处。

在经济发展上，中国建成了小康社会。一方面，中国经济发展水平取得了巨大进步。1978年，中国的国内生产总值是3 678.7亿元；2021年中国的国内生产总值达到了1 143 669.7亿元。1978年，中国经济总量仅位居世界第10位。2001年后中国相继超越了意大利、法国、英国、德国和日本，成为仅次于美国的世界第二大经济体。中国更是在脱贫攻坚上下足了功夫，历史性地解决了绝对贫困问题，人均国民生产总值同样进步迅速，属于中等偏上收入国家，已经接近世界银行定义的高收入国家标准。另一方面，中国的新型工业化取得了巨大历史成就。早在2011年，中国工业总产值就已经超越了美国。近年来，中国坚持科技创新，产业发展有了长足的进步，在全球产业链上不断攀爬，在载人航天、轨道交通装备、超级计算机、新能源汽车、大飞机制造、核电技术和卫星导航技术等诸多领域取得了重大成果。

在社会生活上，人民生活全方位改善。其一，中国的城市化率有了极大的提升。1978年中国的城镇化率仅为17.92%，然而到了2021年，中国城镇化率达到了64.72%。其二，随着中国人民生活水平的提高，2020年中国人的平均

---

[1] 关于经济发展、社会生活和国际交流的相关数据，参见《中国统计年鉴2022》。

预期寿命达到 77.93 岁，比 1981 年的 67.77 岁提高了 10 多岁。其三，中国社会治安水平同样有了极大的改善，社会稳定而安全成为中国乃至世界人民的共识，人民群众的获得感、幸福感和安全感有了巨大的提升。

在国际交流上，中国与国际社会高度融入。其一，中国对外经济贸易突飞猛进，成为世界第一大贸易国。1978 年中国货物进出口总额只有 206.4 亿美元，而到了 2021 年，这一数据攀升到 60 501.7 亿美元。其二，中国出境人数前所未有地增加。2019 年，国内居民出境人数为 1.692 亿人次。其三，中国对外直接投资从 2002 年的 27 亿美元增加到 2021 年的 1 788.2 亿美元。随着在世界市场中不断成长，中国逐渐成长为世界工厂和全球最大的单一市场，从而反过来成为世界经济增长的主要引擎。

在军事建设上，中国正在打造一支现代化军队。在 1996 年台海危机后的一段时间里，中国军事装备发展的核心问题是如何防止外部势力干涉台湾问题，为此，中国致力于发展能够阻止美国干预台海局势的武器装备。近年来中国的资源投入相对充足，军费投向和装备发展正处于历史的关键拐点。在军事技术的多个领域，中国逐渐缩小了与美国的差距。中国不仅加大了投入力度，在核心技术上取得了诸多突破，还大力发展"撒手锏"武器，在一些领域对美国形成局部优势。

二、中国快速崛起强化了中国走和平发展道路的决心

改革开放后取得的举世瞩目的成就已经证明，中国走和平发展道路是行得通的，是符合中国的世情、国情和社情的。中国走和平发展道路帮助中国获得了和平与稳定的外部环境，进而助力了中国的经济腾飞和现代化建设，并强化了支持中国走和平发展道路的力量，坚定了中国继续走和平发展道路的决心。中国快速崛起，在国内形成了根本性的影响。

一方面，中国快速崛起强化了国内支持改革开放的力量。40多年发展的巨大红利使得中国国内支持改革开放、自由贸易和连接世界的力量大幅增加了，夯实了中国继续改革开放的社会基础。尤其是2008年全球金融危机后，西方国家内部的民粹主义逐渐兴起。2016年，英国公投决定脱欧和特朗普当选美国总统更是成为标志性事件，其后以美国为首的西方国家在外交上倾向于孤立主义，在贸易政策上选择了保护主义。与这些国家相比，中国是国际社会中为数不多的支持自由贸易和多边主义的大国，从而成为现行国际体系的坚定捍卫者。

另一方面，中国快速崛起强化了国内支持走和平发展道

路的力量。中国之所以走和平发展道路，其核心原因之一在于，中国以改革开放为基本国策，坚持以经济建设为中心。历经40多年的发展，中国的经济建设取得了举世瞩目的成就，使得几代人看到了走和平发展道路的正确性。从中国领导人到普通民众，都支持中国走和平发展道路来实现中华民族的伟大复兴。在这一点上，中国人民拥有道德使命感，具有高度的战略自觉，成为反对战争的主要力量，从而强化了国内支持走和平发展道路的力量。

从自身发展的历程来看，中国不仅在维护世界和平与发展的过程中实现了快速崛起，也通过快速崛起的事实强化了自身走和平发展道路的决心，从而形成了一个相对正向的循环。这也就意味着，未来中国仍然可以在维护世界和平与发展的过程中实现自身发展。

小　结

综合以上分析，中国在改革开放以来坚持的是一种进步史观，即始终坚持判定和平与发展是时代的主题，认为国际社会在不断进步。公允地来讲，这段历史具有较大的特殊性：一方面，自由主义自20世纪80年代以来成为国际社会的主导型意识形态，崇尚市场经济和小政府，自由贸易和国际合作成为时代潮流。另一方面，冷战结束后美国一家独大，客观上维系了一个相对稳定的国际秩序。人们对相对和平与稳定的国际秩序已经习以为常，以至于美国保守主义学者罗伯特·卡根（Robert Kagan）就感叹："我们在自由秩序的泡泡中生活了太久，以至于我们无法想象其他类型的世界。"[①] 近年来，国际形势正在发生深刻的变化。一系列重大国际事件的爆发意味着国际格局正在发生根本性的变革，这也契合了中国对世界百年未有之大变局的判断。尤其是中美贸易摩擦和乌克兰危机爆发以后，中国面临的外部环境出现了诸多新情况、新问题和新挑战。面对复杂的国际局势，中国应该何去何从？可以确定的是，尽管时代特征正在发生变化，世界正进入新的动荡变革期，但是发动战争的成本仍然是高昂的，通过战争实现现代化仍然违背时代潮流。另外，随着中国式现代化进程的推进，中国面临的风险考验只会越来越复杂，甚至会遇到难以想象的惊涛骇浪，对此我们应该有清醒的认识。与此同时，中国的和平发展道路也遭遇了来自现实经验的挑战。哪些重大事实正在冲击着中国继续走和平发展道路的选择，则是我们下一章需要分析和回答的问题。

[①] KAGAN R. The jungle grows back: America and our imperiled world[M]. New York: Vintage Books, 2018: 4.

| 第三章 |

中国走和平发展道路的现实挑战

2008年全球金融危机以来，中国经济逆势而上，于2010年超越日本成为世界第二大经济体，并且逐渐缩小了与美国的差距。在此背景下，中国外交环境悄然发生转变。随着奥巴马政府推出亚太再平衡战略，美国逐渐将战略重心转移到亚太地区。特朗普政府时期，美国相继对中国发动了贸易战和科技战，开始遏制、围堵、打压中国，中美关系于是出现重大变化。拜登政府的对华政策更是与特朗普政府一脉相承，对中国实施的遏制、围堵、打压有过之而无不及。对于外部环境的变化，中国有着清醒的认识，并将统筹中华民族伟大复兴战略全局与世界百年未有之大变局作为谋划工作的基本出发点。2021年9月21日，习近平以视频方式出席第七十六届联合国大会一般性辩论并发表重要讲话，明确提出"世界进入新的动荡变革期"[1]。

---

[1] 习近平.坚定信心，共克时艰，共建更加美好的世界 [M]// 习近平.习近平谈治国理政：第4卷.北京：外文出版社，2022：467.

党的二十大报告也指出："当前，世界之变、时代之变、历史之变正以前所未有的方式展开。"① 这些战略判断不仅准确评估了中国的外部环境，而且反映出中国走和平发展道路的空间受到挤压。概括而言，当前世界对中国走和平发展道路的疑虑有所增加，中国坚持走和平发展道路正在受到经济发展放缓和中美战略博弈加剧两大问题的挑战。

第一节　当前世界对中国走和平发展道路的疑虑

新中国成立以来，中国的现代化取得了巨大的历史成就，并且为世界和平与发展做出了巨大的历史贡献。然而在当今世界，仍然有一些国家对中国的现代化是否能够继续走和平发展道路存在一些疑虑。

---

① 习近平. 高举中国特色社会主义伟大旗帜 为全面建设社会主义现代化国家而团结奋斗：在中国共产党第二十次全国代表大会上的报告[M].北京：人民出版社，2022：60.

一、中国是否继续走和平发展道路

改革开放以来，中国经济保持了 40 多年的高速增长，并且在外交政策上坚持走和平发展道路，在发展过程中始终是和平的、拒绝使用武力的。然而，当前西方国家对中国仍然存在诸多疑虑，甚至有意抹黑，宣称中国不会继续走和平发展道路。

最近，国外有分析认为中国经济正在走向衰退。长期以来，国际社会上存在一批唱衰中国的群体，鼓吹"中国崩溃"和"中国衰退"。而随着中国经济的发展逐渐放缓，这种论调又沉渣泛起。近年来，新冠疫情对中国经济产生了冲击，中国经济发展受到巨大影响，看空中国经济的观察者渐多。2022 年中国人口负增长，很多海外分析者更是认为中国经济快速增长的时代已经终结了，抛出了所谓的"中国见顶论"。美国等西方国家内部重新出现唱衰中国的调子，这并非偶然。一方面，唱衰中国在美国等西方国家社会层面一直大有市场，这既是作为宣传战和认知战的一部分，也是对中国快速发展心态复杂的外在呈现；另一方面，唱衰中国与中国的发展态势是此消彼长的关系，唱衰者调门变高，也反映了中国面临着一系列问题，客观上警示中国要高度重视这些问题。

究其原因，这种舆论认为中国面临着严峻的内部问题。过去几年，中国经济发展的速度逐渐呈现出下行态势。尤其是新冠疫情的暴发，给中国经济增加了诸多不确定性，中国经济发展面临着内部和外部的诸多挑战，这使得美国等西方国家在看待中国未来发展前景时有了一些新认知。一些西方国家的观察者认为，随着中国人口迅速老龄化、生产率增长放缓、债务逐渐增长和对外国投资吸引力下降，中国经济增长将逐渐放缓，最终有落入"中等收入陷阱"的风险。换言之，国内政治和社会问题不断增加，使得中国无法逃离发展中国家经济崛起时面临的魔咒，最终成为一个普通的发展中国家。

近年来，美国战略界和舆论界持有此类观点的人逐渐增多，他们认为经济增长放缓和内部问题凸显使得中国更容易选择外交冒险。概括而言，这种论调的核心观点认为，一个虚弱、停滞或崩溃的中国比一个繁荣的中国对世界更危险[1]。尽管这种论调也面临不少批评，但是反映了西方社会一部分人的认知，也符合西方国际关系理论的传统思维，即危机转移理论，意指如果一个国家内部问题严重或出现危机，领导人可以出于转嫁国内危机、转移国内视线或提高政权合法性的考虑而在外交上采取强势或侵略性的政策。

---

[1] TEPPERMAN J. China's dangerous decline[J/OL].（2022-12-19）[2023-02-12]. https://www.foreignaffairs.com/china/chinas-dangerous-decline.

二、中美能否和平共处

国际社会还关心中美能否和平共处这一重大战略问题。

美国哈佛大学肯尼迪政府学院教授格雷厄姆·艾利森（Graham Allison）在其专著《注定一战：中美能避免修昔底德陷阱吗？》中回顾了过去500年的历史，发现16个崛起国和霸权国的案例中有12个案例的最终结果是爆发战争，只有4个是通过和平方式解决的[1]。事实上，这是一个经典的国际关系问题。在此理论逻辑之下，国际社会中的一些国家长期以来心存疑问：中美两国能否和平共处？21世纪以来，中国经济保持了高速增长，军事现代化捷报频传，令美国和周边国家非常担忧。在西方国家的一些理论之中，中国往往被界定为打破现状的崛起国，经常被视为现有国际秩序的修正者。因此，中国在现有国际秩序中的常规行为，往往被限定在崛起国和霸权国、维持现状国家和修正主义国家此类过度简单的两分法框架内，从而被扣上国际秩序破坏者和颠覆者的帽子。这种深度忧虑中国打破既有地位排序和利益格局的恐惧，不可避免地影响到其对中国在亚太地区和全球外交政策的认

---

[1] 艾利森.注定一战：中美能避免修昔底德陷阱吗？[M].陈定定，傅强，译.上海：上海人民出版社，2018.

知，最终形成了一种过度简化的非黑即白的思维方式，非常容易陷入一种自我合理性的错误认知，从而将中国视为异己和对手。

尼克松访华后中美关系正常化以来，尤其是中美建交以来，两国领导人高瞻远瞩，细心呵护来之不易的战略互信，从而使中美关系保持了长达40余年的稳定。然而，一旦美国陷入冲突和对抗的理论体系和逻辑思维，中美长期以来构建的脆弱信任将逐渐瓦解。必然的结果是，美国无法继续保持平和的心态，进而全面否定以往的对华政策，并将接触政策视为一种彻底失败的外交政策[①]。随后，美国必然将调整对华政策，从合作性政策转变为对抗性政策。美国的对抗性政策也会沿着由易及难的轨道，从经济贸易和人文交流，扩散到科学技术和联盟政治，最终演变为军事对抗和意识形态对抗，甚至不排除出现擦枪走火或爆发大规模军事冲突的可能。在此过程中，美国会在多个领域、通过多种方式对中国进行遏制、围堵、打压，直到美国穷尽所有政策选项。

综合来看，中美两国能否和平共处是事关中美关系的核心问题。对于国际社会的关切，中国的答案是清晰的、坚定

---

① Hudson Institute. Vice president Mike Pence's remarks on the administration's policy towards China [A/OL]. (2018-10-04) [2023-03-28]. https: //www. hudson. org/events/1610-vice-president-mike-pence-s-remarks-on-the-administration-s-policy-towards-china102018.

的：中国坚定走和平发展道路。然而，美国等西方国家对此心存疑虑，原因在于，中国走和平发展道路面临着内部的和外部的挑战。

第二节　中国发展放缓的不确定性增加

早在 2005 年，中共中央党校原常务副校长郑必坚向美国介绍中国和平崛起理念时就认为，中国发展面临资源短缺、环境恶化、经济和社会发展协调两难三个难题，为了解决这三个难题，中国要超越旧式工业化道路、超越大国崛起的传统方式、超越不合时宜的社会治理模式[①]。近20年过去了，中国发展面临的问题在很大程度上得到了改善。不过，中国发展也出现了一些新挑战，即中国能否解决诸多发展过程中涌现的社会问题，能否继续保持较高的经济发展速度。如果中国发展难以为继，那么实现第二个百年奋斗目标、全面建成社会主义现代化强国必然受到影响。更为关键的是，内部问题会外溢到外交政策上，从而会干扰中华民族伟大复兴的历史伟业。具体来说，有两个问题亟须回答。

---

① ZHENG B J. China's "peaceful rise" to great-power status [J]. Foreign affairs, 2005, 84（5）：21-22.

一、中国经济能否继续高质量增长

中国经济能否继续高质量增长,取决于经济发展速度能否维持。从 1978 年到 2017 年,中国国内生产总值按不变价计算增长 33.5 倍,年均增长 9.5%,平均每 8 年翻一番,远高于同期世界经济 2.9% 左右的年均增速[1]。正是因为保持了 40 余年的高速经济增长,中国才可以从低收入国家迈入中等偏上收入国家行列。然而,中国经济发展速度在过去几年的确趋于放缓。总体来说,有三个主要因素不能忽视:一是经济发展的规律。在世界经济史上,少数国家在一定时期能够保持经济高速增长,然而却无法一直保持高速增长。经济腾飞后国家会进入一个发展速度放缓的阶段,这是由经济规律决定的。以第二次世界大战后的日本为例,1953—1971 年,日本国民生产总值平均保持 10% 的增长;与之相对,美国只有 4%,英国是 3%,联邦德国是 6%[2]。20 世纪 70 年代以后,日本经济发展速度开始放缓,90 年代以后陷入了"失去的三十年"。中国能否延缓经济发展速度进一步放缓的趋势?这无疑

---

[1] 《改革开放 40 年》编写组. 改革开放 40 年 [M]. 北京:中国统计出版社,2018:3.
[2] NISHIMIZU M, HULTEN C R. The source of Japanese economic growth: 1955–71[J]. The review of economics and statistics, 1978, 60 (3):351-361.

充满了不确定性。二是中国正在面临来自美国的经济打压。2018年以来，美国政府意在削弱中国的经济优势，阻挠中国经济发展，打乱中国发展的节奏，这对本已放缓的中国经济来说无异于雪上加霜。三是新冠疫情打乱了正常的经济社会生活，对中国经济活动产生了诸多负面影响。尽管党和政府始终坚持统筹推进新冠疫情防控和经济社会发展，最大限度上稳住经济社会发展基本盘，取得了殊为不易的历史成就，但是中国经济发展还是受到了较大的影响。

中国经济能否继续高质量增长，还取决于产业链能否继续升级。这不仅受到美国对中国经济遏制和科技打压的影响，更取决于中国能否保持科技创新，最终解决"卡脖子"问题。为了应对美国的经济遏制和科技打压，"十四五"规划制定科技强国行动纲要，健全社会主义市场经济条件下新型举国体制，打好关键核心技术攻坚战，提高创新链整体效能[①]。2022年9月6日，习近平主持召开中央全面深化改革委员会第二十七次会议，会议审议通过了《关于健全社会主义市场经济条件下关键核心技术攻关新型举国体制的意见》。会议强调，健全关键核心技术攻关新型举国体制，要把政府、市场、社会有机结合起来，科学统筹、集中力量、优化机制、协同攻关。要加强战略谋划和系统布

---

① 中共中央关于制定国民经济和社会发展第十四个五年规划和二〇三五年远景目标的建议[M].北京：人民出版社，2020：10.

局，坚持国家战略目标导向，瞄准事关我国产业、经济和国家安全的若干重点领域及重大任务，明确主攻方向和核心技术突破口，重点研发具有先发优势的关键技术和引领未来发展的基础前沿技术[1]。在应对战略上，中国选择了走新型举国体制。然而，社会层面对此存在两点疑虑：一是认为新型举国体制将使得政府过度介入市场，最终导致国进民退；二是将当下的中美科技竞争与冷战时期的美苏竞争进行类比，引申出新型举国体制将使中国重蹈苏联覆辙的结论。

不过，中国科技创新取得的成就，已经实现了理论上的祛魅。事实上，以上两种观点都不成立，原因有三：第一，中国建立和完善了社会主义市场经济体制，是一个高度竞争的市场经济体。新型举国体制的本质是同时使用政府力量和市场力量，并非政府力量主导市场力量。抛开西方舆论的有色眼镜就不难发现，中国市场是一个高度竞争的市场，甚至堪称全世界"最卷"的市场。第二，中国市场与世界市场是高度融合的，始终坚持使用通用技术。冷战时期形成了两个平行的经济体系，苏联并未使用通用技术，而是有单独的一套产业标准。美国彼得森国际经济研究所所长亚当·波森（Adam Posen）就认为，科技创新和技术进步是通过在全球范围内制定共同标准来加速的，而非通过具有准入壁垒的、

---

[1] 习近平主持召开中央全面深化改革委员会第二十七次会议强调 健全关键核心技术攻关新型举国体制 全面加强资源节约工作[N].人民日报,2022-09-07（1）.

政治控制的产业①。中国始终积极推动共同标准，始终使用通用技术，这点并未改变。第三，美国对中国在半导体等领域进行"卡脖子"，然而这些领域在科学原理上没有高深之处，只是对技术工艺的要求极高。中国长期落后的原因是与美国同处一个产业体系，中国参与既有产业链体系是成本最低的选择，没有另起炉灶单独研发一套新体系的必要。作为一个超大规模的经济体，解决"卡脖子"问题需要坚持科技创新，强化资金投入，推进技术迭代。因此，只要中国不断投入经费，坚持技术迭代，解决"卡脖子"问题只是时间问题。近年来中国在动力电池、电动汽车、面板、存储芯片等领域都取得了突破性进展，在跟竞争对手正面交锋中占据了优势，大概说明了这一点。

二、中国能否继续保持对外开放

能否继续保持对外开放也是事关中国未来前途的重大战略问题。2008年全球金融危机以来，全球经济格局发生了重大变革。在中国经济成长的同时，全球贸易保护主义和单边

---

① POSEN A. America's zero-sum economics doesn't add up[J/OL].（2023-03-24）[2023-04-01]. https://foreignpolicy.com/2023/03/24/economy-trade-united-states-china-industry-manufacturing-supply-chains-biden/.

主义逐渐盛行，成为一股影响历史进程的重要潮流。在此背景下，美国逐渐调整了对中美贸易的认知，采用相对收益的视角看待中国的贸易顺差。2017年8月14日，特朗普发表备忘录，对中国启动301调查。同年11月，美国《时代周刊》刊发《中国赢了》的封面文章，作者伊恩·布雷默（Ian Bremmer）认为，中国的经济模式充分展现了自身优势，中国正在赢得与美国的竞争[1]。这一论调反映了美国精英中弥漫的一股情绪，即中国赚了便宜、美国吃了亏。在中美关系日趋复杂的背景下，这股情绪已经被美国精英充分利用，并为民众所坦然接受，美国社会中的受害者情绪成为其领导人挑起对华贸易摩擦和进行科技打压的社会基础。2018年3月22日，美国贸易代表办公室发布了301调查报告结果，判定中国违反了《美国贸易法》第301条[2]。结果是，美国放弃了对华接触政策，主动推动中美两国脱钩。面对美国谋求经济脱钩，并对中国进行科技围堵，中国根据自身发展阶段、环境、条件变化做出战略决策，重新思考与外部世界的关系，加快构建新发展格局。新发展格局主要体现在两个方面：

---

[1] BREMMER I. How China's economy is poised to win the future[J/OL].（2017-11-02）[2023-04-06]. https://time.com/magazine/south-pacific/5007633/november-13th-2017-vol-190-no-20-asia-europe-middle-east-and-africa-south-pacific/.

[2] Office of the United States trade representative. Findings of the investigation into China's acts, policies, and practices related to technology transfer, intellectual property, and innovation under Section 301 of The Trade Act of 1974[R/OL].（2018-03-22）[2023-04-06]. https://ustr.gov/sites/default/files/Section%20301%20FINAL.PDF.

一是形成以国内大循环为主体、国内国际双循环相互促进的新发展格局，建设全国统一大市场。2020年5月14日，中共中央政治局常务委员会召开会议，会议指出，要"充分发挥我国超大规模市场优势和内需潜力，构建国内国际双循环相互促进的新发展格局"①。2020年5月23日，习近平在看望参加政协会议的经济界委员时强调，要"逐步形成以国内大循环为主体、国内国际双循环相互促进的新发展格局"②。2022年3月25日，中共中央、国务院发布了《关于加快建设全国统一大市场的意见》，全面推动我国市场由大到强转变，为建设高标准市场体系、构建高水平社会主义市场经济体制提供坚强支撑③。

二是实现高水平的自立自强。习近平指出："构建新发展格局最本质的特征是实现高水平的自立自强。"④面对美国的经济遏制、围堵、打压，中国亟须构建新发展格局。一方面，中国已经进入高质量发展阶段，外贸依存度不断下降。2001

---

① 中共中央政治局常务委员会会议 分析国内外新冠肺炎疫情防控形势 研究部署抓好常态化疫情防控措施落地见效 研究提升产业链供应链稳定性和竞争力 [N]. 人民日报，2020-05-15（1）.

② 习近平在看望参加政协会议的经济界委员时强调 坚持用全面辩证长远眼光分析经济形势 努力在危机中育新机于变局中开新局 [N]. 人民日报，2020-05-24（1）.

③ 中共中央国务院关于加快建设全国统一大市场的意见 [N]. 人民日报，2022-04-11（1）.

④ 习近平. 把握新发展阶段，贯彻新发展理念，构建新发展格局 [J]. 求是，2021（9）：15.

年中国加入世贸组织后,外贸依存度开始迅速跳升。2008年全球金融危机以后,中国外贸依存度由过去的60%以上下降到目前的30%多一点,经济增长越来越依靠国内消费和投资[1]。另一方面,超大规模市场为中国实现高水平的自立自强奠定了基础。2020年5月23日,习近平在看望参加政协会议的经济界委员时强调:"我国具有全球最完整、规模最大的工业体系、强大的生产能力、完善的配套能力,拥有1亿多市场主体和1.7亿多受过高等教育或拥有各类专业技能的人才,还有包括4亿多中等收入群体在内的14亿人口所形成的超大规模内需市场,正处于新型工业化、信息化、城镇化、农业现代化快速发展阶段,投资需求潜力巨大。"[2]

面对中国推动以国内大循环为主体、国内国际双循环相互促进的新发展格局,以及追求实现高水平的自立自强的目标,国际社会对中国存在疑虑,即中国未来能否继续保持对外开放,是否会逐渐发展为一个封闭的、对外部需求较低的经济体。面对这些疑虑,习近平提出推进中国式现代化需要处理好若干重大关系,其中之一就是自立自强与对外开放的关系,既坚持独立自主、自立自强,也坚持不断扩大高水平

---

[1] 央视网. 中国经济外贸依存度已降至30%多 经济增长越来越多依靠国内消费和投资 [A/OL].(2020-10-30)[2023-04-07]. http://news.cctv.com/2020/10/30/ARTICT1Kt7ExEVNhrKeUMcbE201030.shtml.

[2] 习近平在看望参加政协会议的经济界委员时强调 坚持用全面辩证长远眼光分析经济形势 努力在危机中育新机于变局中开新局 [N]. 人民日报,2020-05-24(1).

对外开放。那么应该如何看待这两者的关系？事实上，中国强调国内大循环、构建全国统一大市场、追求高水平的独立自主与对外开放并不矛盾。改革开放以来，中国的对外开放实行出口替代战略，即中国与美国等西方国家高度捆绑，依附于西方国家主导的经济体系。然而，随着中国经济的成长和全国统一大市场逐渐形成，以强大的国内经济循环体系和稳固的基本盘为基础的高水平对外开放基本具备了条件。中国与外部世界的关系，也会从一种依附于西方市场的经济体系，转变为独立自主的经济体系。一旦实现从依附到被依附的历史转变，中国将形成对全球要素资源的强大吸引力，并逐渐成为世界经济体系的中心国家。

综合以上两点分析，中国要全面建成社会主义现代化强国的确仍面临一些不确定性，即中国经济能否继续高质量增长，中国能否继续保持对外开放，这关系到中国与世界的关系。展望未来，中国大概率能够继续保持高质量经济增长，对外开放也不会有变化。然而，美国对中国的科技打压短期内将不会停止。美国对中国高科技"卡脖子"将是我们很长时间都要面对的一个挑战，因此中国经济高质量增长的最关键变量就是科技创新，即通过科技创新打破美国对中国"卡脖子"的困境，从而在产业链上继续攀升。中国科技创新还关系到另外一个核心问题，即中国能否在经济实力上超越美国。在西方国家再次出现唱衰中国的背景下，顶住美国"卡脖子"的压力，通过科技创新拉动中国经济高质量增长，然后在经济上超越美国具有重要的战略意义：它不仅事关中国在中美博弈中的战略信心，更是全面建成社会主义现代化强国的关键一环。

第三节 中美战略博弈的不确定性上升

中美关系是世界上最重要的双边关系，其发展方向将深刻影响中华民族走向伟大复兴的历史进程，也将在一定程度上塑造未来世界秩序。冷战结束后，美国将接触政策奉为其对华政策的框架，即美国希望与中国接触，推动中国融入国际社会，然后通过国际规则和国际制度引导中国发生转变，将中国塑造为一个美国可以接受的国家[1]。特朗普执政以后，美国放弃了接触政策，将中国定位为竞争对手。当前，美国正在前所未有地对中国进行遏制、围堵、打压，中美战略博弈愈演愈烈，甚至有陷入"修昔底德陷阱"的风险，这已经成为影响中国全面建成社会主义现代化强国的关键因素之一。

---

[1] IKENBERRY G J. The rise of China and the future of the west: can the liberal system survive?[J] Foreign affairs, 2008, 87（1）: 23-37.

一、中美战略博弈加剧

21世纪以来,中国的经济力量和军事力量快速发展,中美实力差距迅速缩小,使两国在国家安全战略上越来越趋于对立。党的十八大以后,中国的外交政策更加奋发有为,在顶层设计和具体政策上都进入到一个开拓进取的阶段。一方面,中国试图平衡周边国家与美国的关系,以从结构上理顺中国外交的战略重心问题。2013年6月7日至8日,在美国安纳伯格庄园举行的会晤上,习近平和奥巴马总统就构建中美新型大国关系达成重要共识。同年10月,中共中央召开中国周边外交座谈会,突出周边在我国发展大局和外交全局中的重要作用。另一方面,中国旨在解决地区治理和全球治理赤字的难题,提出了构建"一带一路"倡议,并主导筹建了亚投行。尤其是在党的十九大召开后,习近平对中国新时代的战略定位,对未来国家战略目标的设定,以及对全面推进国防和军队现代化、外交新理念的阐述,意味着中美关系进入了一个新的阶段[1]。

中美之间在实力对比上的快速变化,以及中国在外交政

---

[1] 习近平. 决胜全面建成小康社会 夺取新时代中国特色社会主义伟大胜利:在中国共产党第十九次全国代表大会上的报告[M]. 北京:人民出版社,2017.

策上的奋发有为，使美国战略精英将中国视为"修正主义国家"，并逐渐形成了对华战略竞争的共识，进而推动美国改变对华外交政策。奥巴马政府于2012年颁布了"防务战略指南"，提出了亚太再平衡战略，逐渐推动美国将战略重心从中东转向亚太地区。自此以后，美国将应对中国崛起视为主要目标。特朗普政府更是将中国视为敌对国家和"修正主义国家"，坚持将竞争文化注入到美国外交政策中去，以应对中国崛起的挑战。为此，美国开始重新思考过去20多年的接触政策，取而代之的是一种竞争性外交。美国将中国定位为战略竞争对手，这意味着中美战略博弈时代已经到来。

二、美国正在遏制、围堵、打压中国

2023年3月6日，习近平在看望参加政协会议的民建工商联界委员时强调："我国发展的外部环境急剧变化，不确定难预料因素显著增多，尤其是以美国为首的西方国家对我实施了全方位的遏制、围堵、打压，给我国发展带来前所未有的严峻挑战。"[①] 中国领导人的战略判断，准确指出了以美国为

---

① 习近平在看望参加政协会议的民建工商联界委员时强调 正确引导民营经济健康发展高质量发展 [N]. 人民日报，2023-03-07（1）.

首的西方国家的对华战略设计。特朗普执政以来，美国下定决心对中国进行战略围堵，打压中国的经济发展和科技创新。2023年3月30日，白宫国安会印太事务协调员库尔特·坎贝尔（Kurt M. Campbell）在出席新美国安全中心举办的"炉边对话"时谈及美国对华战略思维的变化，他宣称美国现在不再老想着如何影响中国的力量轨迹和政策选择，而更想保存和稳定美国发挥领导作用的运行体系[1]。

为了保存美国主导的体系，特朗普政府和拜登政府相继采取了一系列措施，对中国进行遏制、围堵、打压。2018年3月22日，美国贸易代表办公室发布了301调查报告，随后挑起对华贸易摩擦，多次对中国商品加征关税。同年4月，美国宣布制裁中兴。2019年5月，美国对华为进行制裁，将华为列入实体清单。一年后，美国升级了对华为的制裁，迫使华为在供应链上去美国化。对于美国制裁华为的原因，时任美国司法部部长威廉·巴尔（William Barr）在2020年2月6日的演讲中做了赤裸裸的回答：美国之所以绞杀华为，原因在于中国的技术领先已经给美国构成了前所未有的挑战，也在于中国已经将5G依赖的半导体、光纤、稀土和材料等国有化，这极大地削弱了美国的制裁能力，因此美国未来五

---

[1] Center for A New American Security. The Biden administration's Indo-Pacific strategy with Kurt Campbell[A/OL].（2023-03-30）[2023-04-15]. https://www.cnas.org/events/virtual-fireside-kurt-campbell.

年必须联合盟友阻击中国[①]。

当前美国的高科技战略通常被概括为"小院高墙"（small yard, high fence）战略，即确定与美国国家安全直接相关的核心技术和领域，然后划定适当的战略边界，对于核心技术，美国对华严格封锁、大力打压，对于其他科技领域，美国可以开放[②]。2022年11月30日，美国商务部部长吉娜·雷蒙多（Gina Raimondo）就美国竞争力与中国挑战发表演讲，她宣称中国走上了一条与美国不同的道路，为了应对中国的竞争，美国未来发展战略需要加大创新领域投资、增强国力以防止中国削弱美国国家安全和民主价值观、以全新方式与盟友展开合作、宣传美国贸易投资及其益处[③]。

美国在科技上遏制中国的基本指导思想在于，必须阻止中国科技创新的步伐。2021年9月28日，美国商务部部长雷蒙多在跨大西洋贸易和技术理事会会议前一天接受CNBC

[①] The United States Department of Justice. Attorney General William P. Barr delivers the keynote address at the Department of Justice's China initiative conference[A/OL].（2020-02-06）[2023-04-15]. https://www.justice.gov/opa/speech/attorney-general-william-p-barr-delivers-keynote-address-department-justices-china.

[②] LASKAI L, SACKS S. The right way to protect America's innovation advantage: getting smart about the Chinese threat[J/OL].（2018-10-23）[2023-04-01]. https://www.foreignaffairs.com/articles/united-states/2018-10-23/right-way-protect-americas-innovation-advantage.

[③] U.S. Department of Commerce. Remarks by U.S. Secretary of Commerce Gina Raimondo on the U.S. competitiveness and the China challenge[A/OL].（2022-11-30）[2023-04-01]. https://www.commerce.gov/news/speeches/2022/11/remarks-us-secretary-commerce-gina-raimondo-us-competitiveness-and-china.

采访时声称：“如果我们真的想延缓中国的创新速度，我们就需要与欧洲进行合作。”①为此，美国必须获得盟友的支持，迫使其愿意承担封锁中国的相应成本。2022年11月30日，雷蒙多在麻省理工学院发表演讲指出：“美国的盟友和企业支持美国政府阻止中国获得军事现代化所需先进技术的努力，也愿为阻止中国获取先进技术而付出经济代价。”②在具体手段上，美国不仅加大研发投入，确保美国技术优势，还通过各种方式阻止中国获得先进技术、新兴技术和重要基础技术。

其中最为关键的就是团结其盟友，推动与中国在经济上脱钩。一是致力于构建全球产业链供应链同盟，为此召开全球供应链弹性峰会，成立"跨大西洋贸易和技术理事会"（TTC），推动与日本、韩国、中国台湾地区组建芯片联盟（Chip 4），以及美国、荷兰和日本三国政府达成协议对中国芯片制造施加新的设备出口管制和限制。二是推行友岸外包战略，寻找供应链替代国家，妄图取代中国在全球供应链中的地位。为此，在"四国机制"下强化与印度在供应链上的战略合作，鼓励美国企业将相关投资从中国转移到东盟国

---

① MACIAS A, TAUSCHE K. U.S. needs to work with Europe to slow China's innovation rate, Raimondo says[A/OL].（2021-09-28）[2023-04-15]. https://www.cnbc.com/2021/09/28/us-needs-to-work-with-europe-to-slow-chinas-innovation-rate-raimondo-says.html.

② U.S. Department of Commerce. Remarks by U.S. Secretary of Commerce Gina Raimondo on the U.S. competitiveness and the China challenge[A/OL].（2022-11-30）[2023-04-15]. https://www.commerce.gov/news/speeches/2022/11/remarks-us-secretary-commerce-gina-raimondo-us-competitiveness-and-china.

家。三是紧抓关键产业和关键企业，尤其是抓住台积电、三星和阿斯麦尔等关键半导体企业，推动台积电在美国设立工厂，生产最先进制程的芯片。

三、中美战略互信丧失

在中国崛起过程中，如何处理与美国的关系至关重要，中国的首要目标是构建两国之间的战略互信。2012年2月15日，习近平在华盛顿发表的主要政策演说中指出："中美两国利益攸关，战略互信是互利合作的基础。"[①] 然而，由于中美两国之间在政治传统、价值体系和文化上差异巨大，且两国对彼此的决策过程、政府与其他实体的关系理解和鉴别不够，以及中国与美国之间实力差距缩小的总根源，使得二者之间的战略互疑急剧增加[②]。

随后，美国政府和战略界进行了激烈的辩论，最终推动美国对华战略框架从接触政策转变为战略竞争。美国对中国的不信任主要表现在三点：一是美国认定中国正在谋求取代美国的主导型地位，即中国在与美国进行一场激烈的战略竞

---

① 习近平. 共创中美合作伙伴关系的美好明天：在美国友好团体欢迎午宴上的演讲[N]. 人民日报，2012-02-17（2）.
② 王缉思，李侃如. 中美战略互疑：解析与应对[M]. 北京：社会科学文献出版社，2013.

争，并试图在实力上超越美国，然后取代美国的世界地位。二是美国认为它在经济上吃了亏。以301调查报告为代表，美国批评中国政府通过不合理或歧视性的行为、政策或做法，对美国商业造成了负担或限制。三是美国认为中国正在侵蚀美国的社会，即中国利用人文交流、各类文化活动、教育项目以及传媒和信息项目，在美国营造公共舆论及其认知，通过"锐权力"来侵蚀其国内社会①。从中国的角度而言，由于美国对中国进行全面遏制、围堵、打压，中美合作的基础受到削弱。尽管拜登自执政以来一再宣称要对中美关系加设护栏，但是美国政府对华政策言行不一的特征非常明显，说一套做一套已经成为一种常态。

一方面，拜登政府多次宣称"四不一无意"，即美方不寻求打"新冷战"，不寻求改变中国体制，不寻求通过强化同盟关系反对中国，不支持"台湾独立"，无意同中国发生冲突。2022年11月14日，习近平在印度尼西亚巴厘岛同美国总统拜登举行会晤，拜登提出"五不四无意"，即美国尊重中国的体制，不寻求改变中国体制，不寻求"新冷战"，不寻求通过强化盟友关系反对中国，不支持"台湾独立"，不支持"两个中国""一中一台"，无意同中国发生冲突，无意寻求同中国

---

① WALKER C, LUDWIG J. The meaning of sharp power: how authoritarian states project influence[J/OL].（2017-11-06）[2023-04-15]. https://www.foreignaffairs.com/articles/china/2017-11-16/meaning-sharp-power.

"脱钩",无意阻挠中国经济发展,无意围堵中国。

另一方面,拜登政府在行为上却是截然不同的表现。甚至可以说,美国政府的对华外交政策与拜登承诺的"五不四无意"在很大程度上是抵触的。例如,拜登一直重申,美国的一个中国政策没有改变也不会改变,美方不支持"台湾独立"。然而,美国当前对台政策事实上已经掏空了一个中国原则。中美"气球事件"更是表明了,美国试图在中美关系上加设护栏是多么困难,美国的基本目的是为了限制中国,因此也就难以被中国接受。

四、中美能否避免"修昔底德陷阱"

美国在地理上虽非一个东亚国家,但是第二次世界大战后它在建构和维持东亚地区秩序中的作用举足轻重。冷战结束后,美国通过巩固其同盟体系,加强了其在东亚地区的存在。随着中国的快速发展,中美两国在东亚地区出现了相对力量此消彼长的态势。当前,中美两国关系的发展态势,不仅符合崛起国与霸权国能否和平共处这一理论命题,也契合大国博弈是否会滑向大国对抗乃至军事冲突这一重大现实问题。

如何实现中美和平共处是国际政治研究的重要关切。西方国际关系理论认为，中美之间爆发军事冲突的可能始终存在，中国会为争夺国际秩序的主导权挑战维持现状的大国而引发战争。尽管中国政策界提出了中国和平崛起的理论，中国政府也提出了走和平发展道路的理念，然而西方学术界对此一直持怀疑态度。西方国家批评中国在外交上越来越强势，试图改变国际秩序的现状。悲观主义者更是早早就预警对中国崛起必须做最坏的打算，及时对中国进行制衡和遏制。时至今日，对中美关系持有乐观看法的美国分析者已经凤毛麟角。当前，美国正在联合其盟友遏制中国，两国军事冲突和意识形态对抗的风险加剧，中美面临陷入"修昔底德陷阱"的风险。总体而言，美国政府并未遵循其承诺的"五不四无意"，其外交政策都在违背这些承诺，两国走向对抗的风险渐增。因此，避免陷入"修昔底德陷阱"已经成为中美领导人必须要面对的历史责任。2021年9月10日，习近平应约同美国总统拜登通电话时指出："中美分别是最大的发展中国家和最大的发达国家，中美能否处理好彼此关系，攸关世界前途命运，是两国必须回答好的世纪之问。"[1] 同年11月16日，习近平同拜登举行视频会晤时指出："未来50年，国际关系中最重要的事情是中美必须找到正确的相处之道。"[2]

---

[1] 中华人民共和国外交部. 习近平同美国总统拜登通电话 [A/OL]. （2021-09-10）[2023-04-15]. https://www.fmprc.gov.cn/zyxw/202109/t20210910_9604451.shtml.
[2] 中华人民共和国外交部. 习近平同美国总统拜登举行视频会晤 [A/OL]. （2021-11-16）[2023-04-15]. https://www.fmprc.gov.cn/zyxw/202111/t20211116_10448827.shtml.

当前，美国已经将中国视为前所未有的对手。坎贝尔和杰克·沙利文（Jake Sullivan）就指出："今天的中国是一个在经济上比苏联更强大、在外交上更成熟、在意识形态上更灵活的同等体量的竞争对手。"①2022年5月26日，美国国务卿布林肯在演讲中指出："中国是唯一不仅具有重塑国际秩序的意图——其日益增强的经济、外交、军事和技术力量又使之具备这样做的能力的国家。"②当美国执行全政府、全社会的对华政策，并且动员盟友力量来与中国进行战略博弈之时，中国必将承受来自美国的战略压力，即美国对中国经济和科技进行了前所未有的遏制、围堵、打压，这无疑将给中国全面建成社会主义现代化强国增加诸多障碍和不确定性。更为重要的是，如果中美陷入"修昔底德陷阱"，爆发大规模军事冲突，那么必然会对中华民族伟大复兴形成巨大冲击。

面对世界百年未有之大变局，中美有两种选择：一种是加强团结合作，携手应对全球性挑战，促进世界安全和繁荣；另一种是抱持零和思维，挑动阵营对立，让世界走向动荡和分裂。中国作为一个负责任的大国，坚持走和平发展道路，拒绝冲突对抗。2023年11月15日，习近平赴美国旧金山举

---

① CAMPBELL K M, SULLIVAN J. Competition without catastrophe: how America can both challenge and coexist with China[J]. Foreign affairs, 2019, 98（5）：98.
② BLINKEN A J. The administration's approach to the people's Republic of China[A/OL].（2022-05-26）[2023-04-15]. https://www.state.gov/the-administrations-approach-to-the-peoples-republic-of-china/.

行中美元首会晤，指出了中美共同努力的方向应该是相互尊重、和平共处、合作共赢，并提出了共同努力浇筑中美关系的五根支柱：共同树立正确认知、共同有效管控分歧、共同推进互利合作、共同承担大国责任和共同促进人文交流①。随后，在美国友好团体联合欢迎宴会上的演讲中，习近平再次强调，中国决不会走通过战争、殖民、掠夺、胁迫等方式实现现代化的老路。习近平还系统阐述了中国处理中美关系的根本遵循，他指出："如何让中美关系这艘巨轮避开暗礁浅滩、穿越狂风巨浪，不偏航、不失速、不碰撞？首先要回答的是，中美到底是对手，还是伙伴。这是一个根本的、也是管总的问题。道理很简单，如果把对方视为最主要竞争对手、最重大地缘政治挑战和步步紧逼的威胁，必然导致错误的政策、采取错误的行动、产生错误的结果。中国愿意同美国做伙伴、做朋友。"②事实上，中国的发展有自身的逻辑和规律，中国拒绝走通过战争、殖民、掠夺、胁迫等方式实现现代化的老路，也不会走国强必霸的歪路。中美元首旧金山会晤展示出，中国愿意与美国携手跳出大国冲突的历史规律。

---

① 习近平同美国总统拜登举行中美元首会晤[N].人民日报，2023-11-17（1）.
② 习近平.汇聚两国人民力量 推进中美友好事业：在美国友好团体联合欢迎宴会上的演讲[N].人民日报，2023-11-17（2）.

小　结

中国推进全面建设社会主义现代化国家已经到了关键阶段，国内和国际各种风险挑战接踵而至，可谓"船到中流浪更急、人到半山路更陡"。在这一阶段，中国面临的风险考验会越来越多、越来越复杂，甚至是国内国际几个重大问题叠加，可能出现难以想象的惊涛骇浪，当下以美国为首的西方国家对中国进行遏制、围堵、打压正是这一情况的真实写照。历史地看，中国坚决反对美国的贸易霸凌主义，在美国的对华科技封锁中也愈行愈稳，态势向着有利的方向发展。然而必须看到：中国国内经济维系高速发展确实存在诸多挑战；美国对中国的遏制、围堵、打压也确实带来了巨大的外部压力，两国关系已经发生了重大改变，中美战略博弈的不确定性上升。以上因素给中国走和平发展道路带来了挑战，也是中国在全面建设社会主义现代化国家的过程中必须要处理好的重大战略问题。

| 第四章 |

中国式现代化促进了世界和平与发展

新中国成立以来,中国的现代化进程走上了历史的快车道。尤其是改革开放以来,中国式现代化不断与世界交融,并产生了奇妙的化学反应。中国式现代化不仅取得了举世瞩目的成就,还为世界和平与发展做出了巨大的贡献。习近平指出:"中国的发展是世界的机遇,中国是经济全球化的受益者,更是贡献者。"[1]历史地看,中国在改革开放之初主要是利用国际格局和世界市场为自身发展创造外部条件,冷战结束后中国致力于塑造一个有利的外部环境,近年来更是成为维护世界和平、引领经济全球化的重要力量。因此,本章将考察中国式现代化为世界带来了什么,以及如何塑造了世界和平,从而在理论上回答为什么中国能坚定走和平发展道路。

---

[1] 习近平. 共担时代发展,共促全球发展 [M]// 习近平. 习近平谈治国理政:第2卷. 北京:外文出版社,2017:484.

第一节　中国为世界发展提供了巨大的红利

中国从一个跌入历史低谷的、一穷二白的落后国家，通过自身奋斗逐渐成长为世界第二大经济体，迈入中等偏上收入国家行列，这展示了中国式现代化的蓬勃力量。在实现自身快速崛起的同时，中国也给世界带来了巨大的发展机遇，从而塑造了世界的面貌。

一、中国为世界提供了超大规模市场

改革开放以来，中国深度融入世界市场并逐渐成长为全球的重要经济体。随着经济发展，中国国内市场逐渐成长壮大。截至目前，中国拥有全球规模最大的中等收入群体，并成为全球第二大消费品零售市场和第二大进口市场。作为一个超大规模的单一市场，中国在自身经济发展的同时向世界各国提供了巨大的市场，创造了大量的工作岗位，为全球经济稳定做出了巨大的贡献。

中国已经成为世界各国重要的出口市场。中国人口众多，拥有14亿多人口和4亿人以上的中等收入群体，使得中国市场成为世界市场中最有潜力的组成部分。作为全球工业体系最为完整的国家，中国每年进口巨量的商品，从而成为140多个国家和地区的主要贸易伙伴。据统计，2022年中国货物贸易进口额为18.1万亿元，增长4.3%[1]。加入世界贸易组织后，中国服务贸易进口额在2001—2018年间更是从393亿美元增至5250亿美元，年均增长16.5%，占全球服务贸易进口总额的9.4%[2]。麦肯锡全球研究院在2019年发布的报告认为，在汽车、酒类、手机等许多品类中，中国都是全球第一大市场，约占全球消费总额的30%[3]。中国成为世界各国重要的出口目的地，在世界贸易中占据重要的地位。在世界经济下行的背景下，全球贸易呈现出低迷的特征。中国选择积极扩大开放，为全球产业链供应链的稳定发挥了关键作用。据统计，2022年中国货物贸易进出口总值为42.07万亿元，比2021年增长7.7%，为世

---

[1] 中华人民共和国国务院新闻办公室.国新办举行2022年全年进出口情况新闻发布会（图文实录）[A/OL].（2023-01-13）[2023-02-13].http://www.scio.gov.cn/xwfb/gwyxwbgsxwfbh/wqfbh_2284/49421/49446/wz49449/202307/t20230707_726753.html.

[2] 中华人民共和国国务院新闻办公室.《新时代的中国与世界》白皮书（全文）[R/OL].（2019-09-27）[2023-02-12]. http://www.scio.gov.cn/gxzt/dtzt/2019/xsddzgysjbps/zw_21611/202209/t20220921_435634.html.

[3] Mckinsey Global Institute. China and the world: inside the dynamics of a changing relationship[R/OL].（2019-07-01）[2023-03-07]. https://www.mckinsey.com/featured-insights/china/china-and-the-world-inside-the-dynamics-of-a-changing-relationship.

界经济稳定和全球贸易发展做出突出贡献①。

中国也成为国际社会重要的投资目的地。改革开放以来，中国积极引进外资来推动经济发展。尤其是加入世界贸易组织以后，中国使用外资的数量急剧上升。根据国务院新闻办公室发布的《新时代的中国与世界》白皮书，1978—2018年，中国累计吸引非金融类外商直接投资20 343亿美元，累计设立近100万家外商投资企业②。根据世界银行的统计，中国在2011—2021年10年间吸引其他国家的总投资额度为26 732.5亿美元③。根据商务部的统计，2022年中国实际使用外资稳定增长，折合1 891.3亿美元，按可比口径同比增长8%④。这些外资不仅推动了中国的经济发展，而且给各国带来了极大的收益，使得中国和投资国共享了中国经济快速发展的红利。

近年来，中国改革开放进入新阶段。一方面，国内改革进入攻坚期和深水区，国内结构性、体制性、周期性问题相

---

① "为世界经济注入新动力"（国际社会看中国优化疫情防控措施）[N]. 人民日报，2023-01-14（3）.

② 中华人民共和国国务院新闻办公室.《新时代的中国与世界》白皮书（全文）[R/OL].（2019-09-27）[2023-02-12]. http://www.scio.gov.cn/gxzt/dtzt/2019/xsddzgysjbps/zw_21611/202209/t20220921_435634.html.

③ 世界银行. 外国直接投资净流入（BoP，现价美元）-China [R/OL]. [2023-02-11]. https://data.worldbank.org.cn/indicator/BX.KLT.DINV.CD.WD?end=2021&locations=CN&start=2011&view=chart.

④ 中华人民共和国商务部新闻办公室. 2022年全国实际使用外资稳定增长[R/OL].（2023-01-18）[2023-03-07]. https://www.mofcom.gov.cn/article/xwfb/xwsjfzr/202301/20230103379768.shtml.

互交织，改革难度加大。为此，中共中央政治局于2013年12月30日召开会议决定成立中央全面深化改革领导小组，攻坚克难，解决束缚中国经济发展的问题。另一方面，对外开放也面临着新问题和新挑战，中国在外商投资、"走出去"战略、外贸和国际经济合作等领域面临着建立新体制的任务。尤其是随着逆全球化趋势的出现，各国贸易保护主义愈演愈烈，不少国家对中国市场的开放性表示疑虑。在此背景下，中国不断进行国内制度改革与创新。2013年，中国首次公布《自由贸易试验区外商投资准入特别管理措施（负面清单）》（以下简称《自贸试验区负面清单》），条目有190条，经过7次压减，到2021年底减少至27条。2016年，《自贸试验区负面清单》经过试验之后推广到全国，在全国实施了外商投资准入负面清单的管理模式。2020年，《外商投资法》正式实施，开启了一个新的外商投资管理体制[①]。中国还积极构建面向全球的高标准自由贸易区网络，从《区域全球经济伙伴关系协定》到中国—柬埔寨自贸协定，再到中国—新西兰自贸协定升级议定书，不断扩大自贸伙伴"朋友圈"。一系列的制度建设释放了红利，吸引了大量的海外投资。

改革开放以来，随着中国成为世界各国的重要出口市场

[①] 中华人民共和国国家发展和改革委员会. 内外兼修：以中国新发展为世界提供新机遇 [R/OL]. (2022-12-30) [2023-02-11]. https://www.ndrc.gov.cn/wsdwhfz/202212/t20221230_1345047.html.

和国际社会的重要投资目的地，中国经济保持了40余年的高速增长，成为全球经济增长的重要引擎。尤其是在2008年全球金融危机之后，世界经济受到严重影响，各国国内问题愈加凸显。在此背景下，中国采取了一系列措施，保证了自身经济增长的连续性，成功应对了危机，并逆势而上成为世界经济增长的主要动力。根据《新时代的中国与世界》白皮书，中国2013—2018年对世界经济增长的平均贡献率超过28.1%。有关测算结果表明，2013—2016年，如果没有中国因素，世界经济年均增速将放缓0.6个百分点，波动强度将提高5.2%[1]。2023年3月26日，世界货币基金组织总裁克里斯塔利娜·格奥尔基耶娃（Kristalina Georgieva）在中国发展高层论坛的发言中预测："2023年中国对世界经济增长的贡献率或将超过三分之一。"[2]

中国成为世界各国的重要出口市场和国际社会的重要投资目的地也极大地拉动了世界各国的发展。中国加入世界贸易组织以来，不断降低进口关税，促进贸易发展。据统计，中国到2010年已经全部履行完货物降税承诺，关税总水平由

---

[1] 中华人民共和国国务院新闻办公室.《新时代的中国与世界》白皮书（全文）[R/OL].（2019-09-27）[2023-02-12]. http://www.scio.gov.cn/gxzt/dtzt/2019/xsddzgysjbps/zw_21611/202209/t20220921_435634.html.

[2] GEORGIEVA K. Remarks by managing director Kristalina Georgieva at the 2023 China Development Forum[A/OL].（2023-03-26）[2023-03-26]. https://www.imf.org/en/News/Articles/2023/03/25/032623md-china-development-forum-remarks.

2001年的15.3%降至9.8%。其中，工业品平均税率由14.8%降至8.9%；农产品平均税率由23.2%降至15.2%，约为世界农产品平均关税水平的四分之一，远低于发展中成员56%和发达成员39%的平均关税水平[1]。中国新型工业化、信息化、城镇化、农业现代化形成巨大的消费和投资空间，为全球创造了更多就业。以中国与非洲、加勒比地区和拉丁美洲以及美国为例：中国自2009年起稳居非洲第一大贸易伙伴国地位，中非贸易额占非洲整体外贸总额比重连年上升。据统计，2017年以来中国从非洲服务进口年均增长20%，每年为非洲创造近40万个就业岗位[2]。根据国际劳工组织发布的《中国与拉美和加勒比地区经贸关系报告》，中国在1990—2016年间总共为拉美和加勒比地区创造了180万个就业岗位[3]。此外，美中贸易全国委员会在其报告中指出，2021年美国对华商品和服务出口而创造的工作岗位超过100万个[4]。

---

[1] 中华人民共和国国务院新闻办公室.《中国与世界贸易组织》白皮书（全文）[R/OL].（2018-06-28）[2023-02-13]. http://www.scio.gov.cn/gxzt/dtzt/2018/zgysjmyzzbps/bps_21723/202209/t20220921_431922.html.

[2] 中华人民共和国国务院新闻办公室. 新时代的中非合作[R/OL].（2021-11-26）[2023-02-13]. http://www.scio.gov.cn/zfbps/zfbps_2279/202207/t20220704_130711.html.

[3] PETERS E D, ARMONY A C. Effects of China on the quantity and quality of jobs in Latin America and the Caribbean[R/OL].（2017-06-01）[2023-03-09]. https://www.ilo.org/wcmsp5/groups/public/---americas/---ro-lima/documents/publication/wcms_563727.pdf.

[4] The US-China Business Council. Export report 2022: services and jobs update[R/OL].（2022-12-15）[2023-03-07]. https://www.uschina.org/reports/export-report-2022-services-and-jobs-update.

二、中国成为世界工厂

新中国成立以后，逐渐建立起比较独立完整的工业体系，这为中国改革开放以后融入全球供应链产业链打下了坚实的基础。改革开放以后，中国不仅打开国门，积极利用外资，融入到全球供应链产业链体系，还相继设置了以深圳为代表的经济特区，充分给予政策支持，快速扩大了对外开放的力度。从这一时期开始，中国逐渐从生产低级产品起家，在纺织、食品和电子等产业迅速发展。加入世界贸易组织后，中国在全球供应链产业链上的位置不断攀升，供应了大量质优价廉的工业产品，成为名副其实的世界工厂和世界供应链产业链的关键组成部分，给全世界带来了巨大的经济红利。

对发达国家而言，中国在生产劳动密集型工业产品上具有比较优势，可以为其提供大量质优价廉的工业产品，这无疑节省了发达国家的贸易支出，极大地减缓了通货膨胀压力，增进了普通消费者的福利。据统计，早在1996—2005年的10年间，中国质优价廉的产品就为美国消费者节省了6 000多亿美元[①]。由此观之，中国成为世界工厂使得绝大部分发达国家都成为受益者。回顾这段历史不难发现，中国开启融入

---

① 中华人民共和国国务院新闻办公室. 中国的和平发展道路 [R/OL].（2015-12-22）[2023-03-11]. https://www.gov.cn/zwgk/2005-12/22/content_134060.htm.

世界市场的时间与西方自由主义思潮的周期是高度契合的，中国改革开放与西方发达国家试图推进供应链产业链转移到海外的浪潮也是高度契合的，在这两股历史大潮下，以美国为首的西方发达国家对中国采取了接触政策，向中国进行大规模投资和产业转移。在此过程中，发达国家是受利益驱动的，是基于对中国能够成为世界工厂的判断，以及在中国市场能够获得巨大经济收益这一预期的。历史事实是，中国的确在冷战结束后为发达国家提供了质优价廉的工业产品，让发达国家获得了巨大的经济红利，使得发达国家在很长一段时期内避免了经济危机，维持了长周期的经济发展和比较低的通货膨胀。当然必须承认，中国在产业上的成功在有些方面不利于发达国家，这些国家如何权衡中国成为世界工厂及其产业链攀升的利弊，将影响到两者的关系变化。

对发展中国家而言，中国成为世界工厂及其产业链攀升也会带来极大的收益。一方面，中国在世界经济体系中的地位上升会创造一个超大规模市场，从而促进这些国家的经济发展。尤其是从1997年亚洲金融危机后，中国在地区经济中承担着越来越重要的责任，对地区经济稳定和发展起到了关键作用。国务院原副总理钱其琛在2001年9月10日就指出："1997年亚洲金融危机爆发以后，中国经济继续保持稳定增长，并坚持人民币不贬值，对遭受危机的国家的经济恢复做出了很大的贡献。这些都表明中国经济的快速增长，不是阻碍和危害了周边国家的发展，而是给它们带来了新的机遇。中国经济的繁荣，不是抢了周围国家的饭碗，而是扩充了它们的炉灶，对于它们也是有利的。"[①]另一方面，中国向广大发展中国家提供大量质优价廉的工业产品，使其更容易地享受现代化好处。尤其是对广大的落后国家和地区而言，中国成为世界工厂使其能够以较低的成本享受现代科技的成果。中国不仅致力于帮助广大发展中国家进行基础设施建设，通过铺设铁路、公路和网络提升了这些国家的现代化水平；还生产了质优价廉的汽车、手机和电脑等工业产品，成为广大发展中国家联通世界的助力因素。

三、中国投资世界发展

随着中国经济的发展，中国逐渐成为国际社会中重要的投资国，带动了很多国家的经济发展。据统计，截至2021年底，中国2.86万家境内投资者在国（境）外共设立对外直接投资企业4.6万家，分布在全球190个国家（地区），年末境外企业资产总额达8.5万亿美元。对外直接投资累计净额（以

[①] 钱其琛．外交十记[M]．北京：世界知识出版社，2003：392-393．

下简称"存量")达27 851.5亿美元[1]。中国海外投资逐年增长，为世界各国的发展做出了巨大的贡献。党的十八大以来，中国累计对外直接投资达1.34万亿美元，相当于存量规模的48.2%，在投资所在国家（地区）累计缴纳各种税金3 682亿美元，年均解决超过200万个就业岗位[2]。以中国在非洲的投资为例：截至2020年底，中国企业累计对非直接投资超过430亿美元；中国在非洲设立各类企业超过3 500家，民营企业逐渐成为对非投资的主力，聘用非洲本地员工比例超80%，直接和间接创造了数百万个就业机会[3]。

在对世界投资增长之时，中国提出了"一带一路"倡议，成为全球重要的战略愿景，为推动全球治理体系变革和经济全球化做出了巨大贡献。据统计，2013—2022年，中国与"一带一路"沿线国家货物贸易额从1.04万亿美元扩大到2.07万亿美元，年均增长8%。中国企业在沿线国家建设的境外经贸合作区累计投资达571.3亿美元，为当地创造了42.1万个就业岗位；在工程建设方面，2013—2022年，中国在沿线国家承包工程新签合同额、完成营业额累计分别超过1.2万亿

---

[1] 中华人民共和国商务部，国家统计局，国家外汇管理局.2021年度中国对外投资统计公报[M].北京：中国商务出版社，2022：4.
[2] 中华人民共和国商务部，国家统计局，国家外汇管理局.2021年度中国对外投资统计公报[M].北京：中国商务出版社，2022：8.
[3] 中华人民共和国国务院新闻办公室.新时代的中非合作[R/OL].（2021-11-26）[2023-02-13].http://www.scio.gov.cn/zfbps/ndhf/2021n_2242/202207/t20220704_130719.html.

美元和8 000亿美元，占对外承包工程总额的比重超过了一半[1]。截至2021年，中国境内投资者在"一带一路"沿线设立境外企业超过1.1万家，涉及国民经济18个行业大类[2]。中国已在24个沿线国家建立了82个工业园区。为了推进贸易畅通，中国还开行了中欧班列。截至2022年8月底，中欧班列累计开行近6万列，货值累计近3 000亿美元，共铺画了82条运输线路，通达欧洲24个国家200个城市[3]。"一带一路"倡议推动了沿线国家经济的增长和人民收入的增加。根据世界银行的估计，"一带一路"交通基础设施项目投资，有助于全球760万人摆脱极端贫困和3 200万人摆脱中度贫困[4]。

此外，为了解决全球发展问题，弥补全球基础设施赤字和融资缺口，中国还倡议设立了多边金融机构亚洲基础设施投资银行（以下简称"亚投行"）。亚投行成立以来获得了巨

---

[1] 谢希瑶，潘洁. 我国与"一带一路"沿线国家货物贸易额十年年均增长8%[N/OL].（2023-03-02）[2023-03-12]. http: //www. xinhuanet. com/world/2023/03/02/c_1129409504. htm.

[2] 中华人民共和国商务部，国家统计局，国家外汇管理局. 2021年度中国对外直接投资统计公报[M]. 北京：中国商务出版社，2022：4.

[3] 中国一带一路网. 共建"一带一路"九周年成绩单[R/OL].（2022-10-01）[2023-02-10]. https: //www. yidaiyilu. gov. cn/xwzx/gnxw/281310. htm.

[4] 世界银行. 一带一路经济学：交通走廊的机遇与风险[R/OL]. [2023-03-12]. https: //www. worldbank. org/en/topic/regional-integration/publication/belt-and-road-economics-opportunities-and-risks-of-transport-corridors.

大的成功，在基础设施建设、推动当地经济与社会发展、改善人民生活等方面累计批准202个项目，融资总额超过388亿美元，撬动资本近1 300亿美元，涉及能源、交通、水务、通信、教育、公共卫生等领域的可持续基础设施建设与成员经济的绿色复苏，项目遍布全球33个国家[1]。就本质而言，亚投行具有明显的多边主义特征，是中国向国际社会提出促进区域经济发展和基础设施建设的政策方案。作为促进亚洲地区经济发展和合作的重要融资结构，亚投行旨在推动地区基础设施建设和拉动地区各国经济复苏。为应对新冠疫情冲击，亚投行在新冠疫情危机恢复基金下批准了45个项目，金额达111亿美元[2]。此外，亚投行还通过一系列项目，为供水、灌溉、公共交通、废物处理等关键基础设施服务提供大量的融资。亚投行通过助力基础设施建设、推动经济和社会发展以及改善各国人民的生活水平，为应对全球性挑战、促进各国可持续发展做出更大贡献。

近年来，随着中国海外投资的逐渐增加，中国资本成为不少发展中国家经济发展的重要助推剂。党的十八大以来，中国的外交方针是推动世界各国与中国共同成长和繁荣。

---

[1] 央视网. 亚洲基础设施投资银行开业七周年 项目遍布全球33个国家[N/OL].（2023-01-16）[2023-03-12]. http://news.cctv.com/2023/01/16/ARTIIBX7GiuCyOoEx8Qd0IUp230116.shtml.

[2] Asian Infrastructure Investment Bank. AIIB Sustainable Development Bonds Impact Report 2021[R/OL]. [2023-02-12]. https://www.aiib.org/en/treasury/_common/_download/AIIB-Sustainable-Development-Bonds-Impact-Report-2021.pdf.

2014年8月22日，习近平在蒙古国国家大呼拉尔发表的演讲中提出："中国愿意为包括蒙古国在内的周边国家提供共同发展的机遇和空间，欢迎大家搭乘中国发展的列车，搭'快车'也好，搭'便车'也好，我们都欢迎，正所谓'独行快，众行远'。"①这意味着中国愿意为世界经济的发展做出重要的贡献。

第二节　中国崛起促进了世界和平

冷战结束后，随着东欧剧变和苏联解体，以美国为首的西方国家成为国际体系的主导者。在如此逼仄的空间下，中国秉持韬光养晦、有所作为的战略方针，谨慎处理与世界各国的关系，牢牢抓住发展机遇，逐渐成长为举足轻重的世界大国。回顾改革开放以来40余年的历史，中国的崛起深度塑造了我们生活的世界，促进了世界和平。中国在当今世界扮演着三个重要角色，即国际社会中的和平力量、人类文明进步的理性力量和解决全球性问题的建设性力量。

---

① 习近平.欢迎大家搭乘中国发展的列车[M]//习近平.习近平外交演讲集：第1卷.北京：中央文献出版社，2022：171.

一、国际社会中的和平力量

中国始终是国际社会中的和平力量，这不仅建立在中国外交始终坚持和平共处五项原则和始终维护国际公平正义的认知之上，而且基于中国坚定捍卫以国际法为基础的国际秩序和以《联合国宪章》的宗旨和原则为基础的国际关系基本准则。在历史和现实中，中国都是国际社会中行为最克制的国家之一，主张使用和平方式而非战争方式解决国际争端。

从历史来看，中国长期以来都是反对黩武主义的，都是主张和而不同的。自秦以降的两千多年的封建社会，中国虽然基本上主导了东亚地区秩序，但是这个地区秩序与西方的地区秩序有三个本质差别：一是中国不愿意将对外扩张和发动战争作为首要政策选项，因此东亚地区的战争频率维持在较低的水平。二是中国人的价值观本质上是世俗的，中国没有强迫其他国家效法中华文明。三是中国构建的地区秩序本质上是防御性的，在东亚地区维系了一个相对和平有序的地区秩序。基辛格就指出：同后起的其他区域性国家相比，中国是一个自足的国家，对扩张领土并不热衷[①]。

---

① 基辛格.论中国[M].胡利平，林华，杨韵琴，等译.北京：中信出版社，2012.

新中国成立后，中国始终不渝奉行防御性国防政策，改革开放以后更是聚精会神搞建设，一心一意谋发展，为东亚地区维持长时间的和平做出了不可替代的历史贡献。正如马凯硕（Kishore Mahbubani）所言，中国"不诉诸武力既折射出一种强大的文明推动力，又反映出一种高度务实的权力观"[①]。

近年来，逆全球化趋势逐渐凸显，大国战略竞争日趋加剧，国际社会中纷争和冲突逐渐高涨。在此背景下，中国坚持劝和促谈，主张和平解决国际争端，反对使用武力，充分体现了中国作为国际社会中的和平力量的大国担当。

其一，中国对美国的打压和遏制战略回应是理性的，在一定程度上降低了两国爆发冲突的风险。一方面，中国在台湾问题上始终坚持一个中国原则，对于美国掏空一个中国原则和行为上的挑衅，中国始终坚持有理有据有节，坚定捍卫自身的核心利益，按照自身既定的战略规划来应对不断变化的局势。另一方面，面对中美经贸科技问题，中国始终坚持对外开放政策，不断进行科技创新，最大限度地消除产业转移和经济脱钩对世界经济的破坏。

其二，中国坚持以和平方式解决争端，致力于在国际社会中劝和、斡旋与推动和解工作。近年来，中国在国际社会

---

① 马凯硕. 中国的选择：中美博弈与战略抉择 [M]. 全球化智库，译. 北京：中信出版集团，2021：83-109.

积极主动促成国家合作和和解。乌克兰危机爆发后，中国多次阐明了在乌克兰问题上的基本立场。中国主张尊重和保障各国的主权和领土完整，切实遵守《联合国宪章》的宗旨和原则，倡导共同、综合、合作、可持续的安全观，呼吁各方保持克制，支持和鼓励和平解决乌克兰危机的外交努力。2023年2月24日，在乌克兰危机爆发一周年之际，中国外交部发布了《关于政治解决乌克兰危机的中国立场》，呼吁各方保持理性和克制，尽快恢复直接对话，最终达成全面停火[①]。此外，在中国斡旋下，沙特阿拉伯和伊朗于2023年3月6日至10日在北京举行会谈，两国达成一份协议，同意恢复双方外交关系，安排互派大使[②]。中国在国际争端中致力于劝和工作，在国际舞台上体现了新担当，这无疑为动荡不安的世界提供了重大利好消息。

其三，中国积极参与全球非传统安全问题的治理，为世界和平与稳定做出了巨大的贡献。1990年4月，中国军队开启了参加联合国维和行动的历程。根据《中国军队参加联合国维和行动的30年》白皮书的统计，中国军队30年来先后参加25项联合国维和行动，累计派出维和官兵4万余人

---

① 中华人民共和国外交部.关于政治解决乌克兰危机的中国立场[R/OL].（2023-02-24）[2023-03-17]. https://www.fmprc.gov.cn/zyxw/202302/t20230224_11030707.shtml.
② 中华人民共和国外交部.中华人民共和国、沙特阿拉伯王国、伊朗伊斯兰共和国三方联合声明[A/OL].（2023-03-10）[2023-03-17]. https://www.fmprc.gov.cn/zyxw/202303/t20230310_11039137.shtml.

次[①]，在柬埔寨、刚果（金）、利比里亚、苏丹和南苏丹等国家和地区和平解决争端、维护地区安全稳定、促进驻在国经济社会发展等方面做出了重要贡献。2008年12月26日，中国首批护航编队赴亚丁湾执行护航任务。截至2023年1月，中国海军护航编队已经安全护送1 500多批7 100余艘次船舶[②]。中国海军亚丁湾护航保护了国际航道安全，展现了中国负责任大国的有力担当。

二、人类文明进步的理性力量

近代以来，由于西方列强的侵略，中国陷入了积贫积弱、任人宰割的境地。中国人民经历了百余年的奋斗，最终在中国共产党的带领下建立了新中国。从走向独立自强的过程来看，中国依靠人类文明最新科技和思想成果武装自己，坚定做推动世界和平与发展和人类文明进步的理性力量。

中国是主权独立和民族平等的坚定捍卫者。近代以来，中国陷入了五千年历史的最低谷，遗憾地错过了大航海和工

[①] 中华人民共和国国务院新闻办公室.《中国军队参加联合国维和行动30年》白皮书（全文）[R/OL].（2020-09-18）[2023-02-12]. http://www.scio.gov.cn/gxzt/dtzt/2020/zgjdcjlhgwhxd30nbps/zw_21088/202208/t20220802_289770.html.

[②] 黄培昭. 亚丁湾护航展现中国担当[N]. 人民日报，2023-01-28（3）.

业革命，最终在国际社会中逐渐落伍，从而饱受西方列强的欺辱。经过百余年奋斗，中国最终获得了彻底的民族独立，这段历史让中国对帝国主义的压迫有着切身的体会，并成为主权独立和民族平等的坚定捍卫者。尽管第二次世界大战后的国际秩序确立了主权独立和民族平等的理念，然而 70 余年过去了，环顾全世界，主权独立和民族平等仍然更多地存在于理念之中，对于一些中小国家而言，这仍然是一种奢侈的理想。造成这一局面的原因有二：一是第二次世界大战后国际秩序本身是一个充满了相互矛盾的理念体系，各国对核心原则的叙事和理解差别很大；二是冷战结束后美国成为国际体系中的唯一超级大国，逐渐将国际规则私有化，在叙事上将国际秩序构建成私有财产，试图将中国塑造为国际秩序的"修正主义者"。由于美国等西方国家强调人权、国际法和国际规则，主权原则逐渐被侵蚀。所以，中国长期以来更强调国家主权原则和不干涉原则；美国则更加看重个人权利和自由价值观。也就是说，中国是当前国际社会中为数不多真正支持主权独立和民族平等的大国之一。正是在这个意义上，中国提出的"一带一路"倡议、中国主导成立的亚投行，以及中国提出的人类命运共同体理念，才具有了世界性意义。

中国是国际社会中反对帝国主义的关键力量。近代以来，中国革命的任务之一就是反对帝国主义。新中国成立以后，帝国主义对新生政权采取敌视态度。为此，新中国将反对帝国主义作为两个核心外交任务之一。面对美国等帝国主义国家对亚洲事务的指手画脚，周恩来以中国外交部部长的名义予以驳斥，指出了美国干涉亚洲的事务、破坏亚洲民族独立运动的事实，并严正宣告"亚洲人民自己的事情，应当由亚洲人民自己来处理"①。在当前中国的外交实践中，反对帝国主义主要表现在两个方面：其一，中国始终坚持"亚洲的事情应当由亚洲人民自己来处理"的理念。2014年5月21日，习近平在亚信峰会上提出了亚洲安全观："亚洲的事情归根结底要靠亚洲人民来办，亚洲的问题归根结底要靠亚洲人民来处理，亚洲的安全归根结底要靠亚洲人民来维护。"②这是中国外交政策中反对帝国主义理念的自然延伸。其二，中国在外交政策中坚持不称霸，反对谋求势力范围。2019年《新时代的中国国防》白皮书就宣称"坚持永不称霸、永不扩张、永不谋求势力范围"③，这是新时代中国国防的鲜明特征。中国在外交政策中坚持反对帝国主义，无疑代表着国际社会中的进步理念，并且占据了道义制高点，这对于世界的和平与稳定具有重要意义。

---

① 周恩来. 亚洲的事情应当由亚洲人民自己处理[M]//中华人民共和国外交部, 中共中央文献研究室. 周恩来外交文选. 北京：中央文献出版社，1990：10.
② 习近平. 积极树立亚洲安全观，共创安全合作新局面[M]//习近平. 习近平谈治国理政. 北京：外文出版社，2014：356.
③ 中华人民共和国国务院新闻办公室.《新时代的中国国防》白皮书（全文）[R/OL].（2019-07-24）[2023-02-12]. http://www.scio.gov.cn/gxzt/dtzt/2019/xsddzgyfbps/bps_21484/202209/tz0220921_435334.html.

中国还是国际社会中反对霸权主义的中坚力量。自新中国成立以来，反对霸权主义就是中国在外交中始终高举的旗帜。冷战结束后，以美国为首的西方国家打着"人道主义"的幌子，通过武力更迭政权来推广民主，大肆挑起战争和冲突。尤其是近年来，美国将中国视为其战略竞争对手，联合盟友遏制、围堵、打压中国，试图阻挠中国经济发展。针对美国的单边主义和霸凌行径，中国主要在三个方面对美国的霸权主义进行了制衡：首先是始终站在多边主义一边，制衡美国的单边主义。在叙利亚等问题上，中国在联合国安理会多次动用否决权，反击美国的立场。其次是反对美国所谓的以规则为基础的国际秩序，坚定维护以联合国为核心的国际体系、以国际法为基础的国际秩序、以《联合国宪章》的宗旨和原则为基础的国际关系基本准则。正如习近平所言："国际规则只能由联合国193个会员国共同制定，不能由个别国家和国家集团来决定。国际规则应该由联合国193个会员国共同遵守，没有也不应该有例外。"[①]最后是中国在现实中反击美国对中国的打压，制衡美国的霸权主义。一是为应对美国推动的产业脱钩和"卡脖子"问题，中国构建新发展格局，不断健全社会主义市场经济条件下新型举国体制，打好关键核心技术攻坚战，以实现高水平的自立自强；二是推

---

① 习近平.在中华人民共和国恢复联合国合法席位五十周年纪念会议上的讲话[M]//习近平.习近平谈治国理政：第4卷.北京：外文出版社，2022：476-477.

动军事现代化，提高捍卫国家主权、安全、发展利益战略能力；三是进行意识形态斗争，对美国发动的舆论战展开针锋相对的斗争。这些措施的实施，有力地反击了美国的霸权主义。

三、解决全球性问题的建设性力量

中国崛起促进了世界和平，根本原因还在于中国是解决全球性问题的建设性力量。改革开放以来，中国不断融入全球多边国际制度。根据江忆恩（Alastair Iain Johnston）的统计，1977年，中国所参加的各种类型（全球和地区性）的政府间国际组织的数量是美国的25%、世界平均值的70%左右；然而到了1996年，这一比例上升为美国的70%、世界平均值的180%[①]。时至今日，中国已经成为国际社会加入国际制度最多的国家之一。随着逐渐深度融入国际制度，中国成为国际制度的参与者、改革者和创设者，成为解决全球性问题的建设性力量。

第一，中国致力于推动全球治理朝着更加公正合理的方向发展。具体而言，主要表现在以下三个方面：其一，中

---

① 江忆恩.中国参与国际体制的若干思考[J].世界经济与政治，1997（7）：4-10.

国在全球治理上坚持真正的多边主义，反对有些国家大搞阵营化和排他化小圈子。当前，美国自身成为国际多边制度体系的破坏者，从而导致全球多边制度体系陷入了危机。尤其是在特朗普执政时期，美国坚持美国优先原则，多次退出多边国际制度，公然在双边贸易中使用经济胁迫权力，对中国商品强征关税，依靠国家力量打压中国高科技企业，不断对其他国家进行霸凌。虽然拜登政府试图修复特朗普政府的体系性破坏，但是其所提出的方案是以自身利益为基础的多边主义，是一种选择性的多边主义，其本质特征仍然是搞小圈子。中国对此持反对态度，并且始终坚持真正的多边主义，捍卫既有国际秩序。党的二十大报告指出："中国积极参与全球治理体系改革和建设，践行共商共建共享的全球治理观，坚持真正的多边主义，推进国际关系民主化，推动全球治理朝着更加公正合理的方向发展。"[①]其二，中国积极推动对世界银行、国际货币基金组织、世界贸易组织的全面改革，增加发展中国家在全球事务中的代表性和发言权，充分体现发展中国家的诉求和呼声，通过推进合作应对全球性挑战。其三，中国推动金砖国家、上海合作组织和G20峰会在全球治理中发挥更大的作用，加强各国在地区经济和安全事务中的合作。中国还积极推进次区域经济合

---

① 习近平.高举中国特色社会主义伟大旗帜 为全面建设社会主义现代化国家而团结奋斗：在中国共产党第二十次全国代表大会上的报告[M].北京：人民出版社，2022：62.

作，强化在次区域层面的互联互通和互补合作。中国在多边主义平台的工作，为维护世界和平和地区稳定发挥了建设性作用。

第二，中国提出和创设了一系列多边倡议和多边制度来解决全球性问题。新时代以来，中国发起了"一带一路"倡议，主导创设了亚投行，提出了全球安全倡议、全球发展倡议和全球文明倡议，为解决全球性问题提供了中国方案。其中"一带一路"倡议和亚投行聚焦于区域经济合作和基础设施建设，有利于弥补全球发展赤字、治理赤字。尤其是亚投行，秉持多边主义，按照共商共建共享的原则，通过包容性的制度设计，坚持国际性、规范性、高标准运营，现已取得了巨大的成功。具体而言，亚投行并未颠覆现行秩序，而是按照多边开发银行的模式和原则，在遵循既有国际规范和国际规则下，向西方国家保持高度的开放性，从而构建了一个包容性的多边国际制度。在此基础上，中国向国际社会提供了大量的公共产品，致力于加强各国的基础设施建设。有学者就指出，"中国在全球治理中的制度性崛起会比普遍预测的结果更加和平"[①]。全球安全倡议、全球发展倡议和全球文明倡议则是紧扣全球治理中的安全赤字和发展赤字，一是要超越西方传统的安全理念和强权政治，倡导坚持共同、综合、合

---

① 贺凯，冯惠云，魏冰.领导权转移与全球治理：角色定位、制度制衡与亚投行[J].国际政治科学，2019（3）：31-59.

作、可持续的新安全观；二是构建全球发展共同体，实现更加强劲、绿色、健康的全球发展；三是推动文明交流互鉴，促进人类文明进步。

第三，中国在自身发展的同时坚持援助发展中国家，促进了世界和平与发展。新中国成立以来，中国在保持自身发展的同时，不断为世界和平与发展注入正能量。根据国务院新闻办公室2019年颁布的《新时代的中国与世界》白皮书，中国开展对外援助60多年来，共向166个国家和国际组织提供近4 000亿元人民币援助，派遣60多万名援助人员[1]。中国的这些对外援助无疑为促进这些国家的经济发展，以及对国际社会的和平与稳定起到了积极作用。事实上，随着现代化进程的持续推进和科学技术水平的不断提升，中国在全球供应链产业链中的位阶逐步提升，使得中国能够越来越多地向发展中国家分享科学技术成果。长期以来，中国积极开展以航天及卫星应用、3D打印技术、计量技术、海洋生物技术等为主题的培训项目，通过政府间科技交流项目，邀请诸多发展中国家的学者来华进行培训和科研工作，同时还向诸多亚非拉国家转让技术，以提高这些国家的技术水平。根据《新时代的中国国际发展》白皮书，中国面向东盟、南

---

[1] 中华人民共和国国务院新闻办公室.《新时代的中国与世界》白皮书（全文）[R/OL].（2019-09-27）[2023-02-12]. http://www.scio.gov.cn/gxzt/dtzt/2019/xsddzgysjbps/zw_21611/202209/t20220921_435634.html.

亚、阿拉伯国家建立跨国技术转移中心，通过技术对接、示范培训等，推动先进适用技术转移转化。与埃塞俄比亚、印度尼西亚、塔吉克斯坦、蒙古国、塞尔维亚等国建立了联合实验室或研究中心，包括生物高分子应用研究、小水电技术联合研究等，加快中国成熟适用技术在其他国家的本土化应用[①]。

在中国的对外援助中，对非洲的援助最具有代表性。新中国成立以来，非洲一直是中国对外援助的主要目的地，中国对非洲的援助项目提高了非洲相关国家的经济社会发展水平。有学术研究显示，距离中国援助项目越近的非洲民众，越可能认为国家的经济状况得到改善且自身的生活水平获得提升[②]。根据《新时代的中非合作》白皮书的统计，中国在非洲进行了大规模的对外援助，2013—2018年，中国对外援助金额为2 702亿元人民币，其中对非洲国家的援助占比达44.65%，包括无偿援助、无息贷款和优惠贷款。2000—2020年，建成的公路铁路超过13 000公里，建设了80多个大型电力设施，援建了130多个医疗设施、45个体育馆、170多所学校，为非洲培训各领域人才共计16万余人。此

---

① 中华人民共和国国务院新闻办公室.《新时代的中国国际发展合作》白皮书（全文）[R/OL].（2021-01-10）[2023-02-12]. http://www.scio.gov.cn/gxzt/dtzt/2021/xsddzggjfzhzbps/zw_20385/202208/t20220802_290164.html.
② 黄振乾.中国援助项目对当地经济发展的影响：以坦桑尼亚为个案的考察[J]. 世界经济与政治，2019（8）：127-153.

外，白皮书还论述了中国承担的非洲大量基础设施建设的工作，包括：中国企业参与了多条连接非洲和欧、亚、美洲大陆海缆工程；与非洲主流运营商合作基本实现非洲电信服务全覆盖；建设了非洲一半以上无线站点及高速移动宽带网络，累计铺设超过20万公里光纤，帮助600万家庭实现宽带上网，服务超过9亿非洲人民。此外，中国还积极同非洲加强科技创新战略沟通与对接，分享科技发展经验与成果，推动双方科技人才交流与培养、技术转移与创新创业。中国与非洲国家建设了一批高水平联合实验室，创建了中非联合研究中心、中非创新合作中心[①]。中国对非洲的经济援助和技术援助，改善了相关国家的经济发展水平，也有利于非洲国家积极利用中国的技术成果，加快现代化的步伐。

综上分析，中国现代化取得的巨大历史成就对世界产生了重大影响。中国不仅在现代化进程中实现了自身的经济社会发展，解决了诸多问题，而且成为国际社会中的和平力量、人类文明进步的理性力量和解决全球性问题的建设性力量。中国崛起的态势是有利于世界和平与世界发展的，中国崛起是一种积极性的力量，而非破坏性的力量。

---

① 中华人民共和国国务院新闻办公室.新时代的中非合作[R/OL].（2021-11-26）[2023-03-13]. http://www.scio.gov.cn/zfbps/ndhf/2021n_2242/202207/t20220704_130719.html.

第三节 中国是维护世界和平的关键力量

事实上,中国坚持走和平发展道路,还必须在理论上解决一个至关重要的逻辑问题,即如果中国与其他国家爆发冲突或战争,是否意味着中国不再走和平发展道路?是否意味着中国式现代化不再是走和平发展道路的现代化?在世界进入新的动荡变革期的时代背景下,必须厘清中国走和平发展道路的理论逻辑和政策内涵,进而达到以正视听的目的。

一、中国走和平发展道路是外交理念和政策选择

中国走和平发展道路是指中国在实现现代化的过程中坚持和平外交政策,拒绝选择通过战争、殖民、掠夺等方式实现现代化。党的二十大报告指出:"我们坚定站在历史正确的一边、站在人类文明进步的一边,高举和平、发展、合作、共赢旗帜,在坚定维护世界和平与发展中谋求自身发展,又以自身发展更好维护世界和平与发

展。"①也就是说，中国不会主动选择发动战争侵略其他国家，更不会通过战争来实现现代化，这是中国式现代化的应有之义。

然而，中国坚持走和平发展道路并非结果导向，而是中国奉行的外交理念，是中国外交的政策选择，它不必然保证最终结果一定是和平的。中国走和平发展道路能否最终缔造和平，不仅取决于中国的外交政策选择，还取决于外部世界对中国走和平发展道路如何做出回应。因此，不管是在理论上，还是在现实中，都不能一厢情愿地认为中国走和平发展道路就一定会出现和平的结果，这不符合国际政治的现实，也不符合实事求是的原则。也就是说，坚定走和平发展道路是中国的政策选择，但还存在另外一种可能，即部分国家不愿看到中国通过走和平发展道路实现现代化，不愿看到中国和平崛起，选择通过武力方式打断中国的和平发展进程。

如果以美国为首的西方国家坚持遏制、围堵、打压中国的发展，甚至选择通过武力手段来阻止中国统一或打断中国的现代化进程，那么中国应该怎么办？答案是明确的：中国继续坚定走和平发展道路，尽最大可能维持世界和平。一方面，如果以美国为首的西方国家不允许中国走和平发展道路，选择通过武力来阻止中国统一或打断中国的现代化进程，那

---

① 习近平. 高举中国特色社会主义伟大旗帜 为全面建设社会主义现代化国家而团结奋斗：在中国共产党第二十次全国代表大会上的报告 [M]. 北京：人民出版社，2022：23.

么在逻辑上无法推翻中国走和平发展道路的正确性和正义性，反而恰恰验证了这一道路选择的正确性和正义性。在法理上，以美国为首的西方国家遏制、围堵、打压中国是不正义的，中国站在道义的制高点。另一方面，如果其他国家对中国采取武力手段，企图打断中国的现代化进程，那么中国出于自卫拿起武器做出回击，也不违背中国走和平发展道路的内在逻辑。在国际社会中，很多时候正义的力量是处于弱势的，中国的和平发展就是这样一种情况。中国最应该规避的就是：以美国为首的西方国家通过非和平方式遏制、围堵、打压中国，通过挑起战争并在战争中战胜中国，然后篡改历史、重新叙事，将"战胜中国"这一非正义的历史标榜为伟大荣耀。

二、强大国力是中国走和平发展道路的保障

虽然中国已经展示了外交政策上的善意，即坚持走和平发展道路来实现现代化，然而中国只能决定自身的道路选择，并不能掌控其他国家的意愿，并不能决定它们如何处理与中国的关系。因此，如果中国试图将这种善意最终演变为国际和平的结果，需要用务实的外交政策来将善意的外交理念贯彻落实。将中国走和平发展道路的外交理念落地，还要依靠务实的外交政策。换句话说，在一个处于动荡变革期的世界

里，单纯依靠善意的外交理念难以保证国际和平，必须将善意的外交理念和务实的外交政策有机结合起来。

若要促使以美国为首的西方国家接受和认可中国走和平发展道路，唯一方式就是建设拥有强大综合国力和强大国防的中国，使这些国家意识到，遏制、围堵、打压中国发展的成本是高昂的；通过非和平方式来阻止中国走和平发展道路是得不偿失的；通过战争方式来阻止中国国家统一是不可能赢得战争的。因此，中国必须提高自身综合国力，必须建设强大的国防。2019年7月颁布的《新时代的中国国防》白皮书写道："建设同国际地位相称、同国家安全和发展利益相适应的巩固国防和强大军队，是中国社会主义现代化建设的战略任务，是坚持走和平发展道路的安全保障，是总结历史经验的必然选择。"[1]不难发现，白皮书考虑到了中国可能面对的最坏情况，并且阐述了这一思想。

在中国的国防战略上，"新时代军事战略方针，坚持防御、自卫、后发制人原则，实行积极防御，坚持'人不犯我、我不犯人，人若犯我、我必犯人'，强调遏制战争与打赢战争相统一，强调战略上防御与战役战斗上进攻相统一"[2]。一旦遏制

---

[1] 中华人民共和国国务院新闻办公室. 新时代的中国国防 [M]. 北京：人民出版社，2019：11.
[2] 中华人民共和国国务院新闻办公室. 新时代的中国国防 [M]. 北京：人民出版社，2019：10.

战争的努力失败,要有打赢战争的能力。唯有如此,中国才能继续坚持走和平发展道路,才能最终维持和平。以实力来保障中国坚持走和平发展道路,存在两个具体的逻辑:一是强大的综合国力和强大的国防能够慑止外部侵略。二是强大的综合国力和强大的国防能够保证中国在遭遇外部侵略、被迫陷入战争旋涡时打赢战争,捍卫和平。通过战争来反对战争,这不仅遵循了中国历史上"以战去战,虽战可也"的战略传统[①],也符合毛泽东提出的战略原则,即"用战争反对战争,用革命战争反对反革命战争,用民族革命战争反对民族反革命战争,用阶级革命战争反对阶级反革命战争"[②]。

当前,世界进入新的动荡变革期。时代特征的变化,再次彰显了国际政治的本质。古罗马军事学家韦格蒂乌斯(Vegetius)有句名言:"如果你想要和平,请准备战争。"[③]这大概道出了在大争之世谋求和平的基本路径。中国兵书《司马法》中也写道:"国虽大,好战必亡。天下虽平,忘战必危。"[④]在战争与和平的辩证关系上,东西方的军事理论家不谋而合。当前,推进中国式现代化已经到了最关键的阶段。必

---

① 商鞅. 商君书[M]. 北京:中华书局,2009:149.
② 毛泽东. 中国革命战争的战略问题[M]// 毛泽东选集:第1卷.2版. 北京:人民出版社,1991:174.
③ VEGETIUS. Military institutions of Vegetius, in five books[M]. London:W. Griffin, 1767:89.
④ 王震. 司马法集释[M]. 北京:中华书局,2018:10.

须看到，中国式现代化的不断推进，尤其是中国制造产业升级，极大地冲击了西方国家在全球产业链中的主导地位，很大程度上拉低了它们的高额利润。因此，中国式现代化会影响到西方国家的核心利益，甚至在一定程度上事关其前途命运，从而引起西方国家的激烈反应。中国对此必须有清醒的认识，时刻不忘建设强大的国防，以防备最坏情况的出现。

三、中国越发展，世界越和平

中国作为社会主义国家注重内部建设而非对外扩张的本质，中国传统文化追求和平理念，以及中国改革开放的内在逻辑，都决定了中国不是发动战争的国家，而是维护世界和平的关键力量。邓小平曾强调："中国的发展是和平力量的发展，是制约战争力量的发展。"① 中国经济越发展，军事越强大，其作为维护世界和平的力量的角色也就越重要。1985年3月4日，邓小平在会见日本工商会议所访华团时指出：

> 中国现在是维护世界和平和稳定的力量，不是破坏力量。中国发展得越强大，世界和平越靠得住。……世

---

① 邓小平. 在军委扩大会议上的讲话 [M]// 邓小平. 邓小平文选：第3卷. 北京：人民出版社，1993：128.

界和平的力量在发展，战争的危险还存在。……但是制约战争的力量有了可喜的发展。……第三世界的力量，特别是第三世界国家中人口最多的中国的力量，是世界和平力量发展的重要因素。所以，从政治角度来说，中国的发展对世界、对亚太地区的和平和稳定都是有利的①。

从邓小平的谈话中我们能够找到中国走和平发展道路在逻辑上成立的关键一环，即"中国发展得越强大，世界和平越靠得住"。事实上，中国在走向现代化的过程中一直信奉这一简单而有说服力的理念，即中国不会走西方实现现代化的老路，不会通过对其他国家发动侵略战争来实现现代化，而是选择通过国内建设走出一条新路。

尤其是在中国加入世界贸易组织之后，随着中国经济快速发展，国际社会中有些国家对中国的疑虑逐渐增多，中国政府已经多次阐述了这一理念。2005年9月3日，在纪念中国人民抗日战争暨世界反法西斯战争胜利六十周年大会上的讲话中，胡锦涛指出："中国永远是维护世界和平的重要力量。中国过去不称霸，今后也永远不会称霸。中国人民将同世界各国人民一道，共同推进人类和平与发展的崇高事业，

---

① 邓小平. 和平和发展是当代世界的两大问题[M]// 邓小平. 邓小平文选：第3卷. 北京：人民出版社，1993：104-105.

努力为人类作出更大贡献。"[1]2009年7月，时任国务委员戴秉国在参加首轮中美战略与经济对话时就向美国说明："中国无论发展到什么程度，都将坚定不移地走和平发展道路，都将把我们的力量用来为和平服务。我们的方向是明确的，决心是坚定的，战略意图是透明的，没有什么阴谋。"[2]中国目前的发展态势及外交政策更是坚定地践行了自身"永远是维护世界和平的重要力量"的承诺；从世界形势发展来看，中国的发展和强大也确实有力地增进了国际社会的和平与稳定。

当前中华民族伟大复兴的战略全局与世界百年未有之大变局相互交织，世界进入动荡变革期，但在可预见的未来，中国的发展和强大仍将是世界和平的重要保障。中国坚定站在历史正确的一边，站在人类文明进步的一边，是国际社会维持和平与稳定的希望所在。

综合以上分析，虽然中国坚持和平发展道路并不意味着能够确保和平的局面，但是如果其他国家不接受中国走和平发展道路，也不能否认中国的正义性。只要中国坚持走和平发展道路，即使以美国为首的西方国家企图通过武力来阻断中国国家统一或打断中国现代化的进程，那么中国通过非和平方式制止其他国家通过非和平方式遏制中国也是正义的，也不违背中

---

[1] 胡锦涛.在纪念中国人民抗日战争暨世界反法西斯战争胜利六十周年大会上的讲话[M]//胡锦涛.胡锦涛文选：第2卷.北京：人民出版社，2016：341-342.
[2] 戴秉国.战略对话：戴秉国回忆录[M].北京：人民出版社，2016：155.

国坚持走和平发展道路的原则。正是在这个意义上，中国需要以强大的综合国力和强大的国防来保障中国坚持走和平发展道路。中国越发展、越强大，也就越能维护世界的和平与稳定。

小　结

作为人类历史上前所未有的现代化运动，中国式现代化已然促进了世界的和平与发展，并将在未来继续夯实世界的和平与发展。中国可以提供的超大规模市场，中国作为世界工厂，以及中国大量的海外投资，都给世界各国带来了巨大的经济红利，从而推动了世界经济的发展。中国作为一个崛起国，已经成为国际社会中的和平力量、促进人类文明进步的理性力量和解决全球性问题的建设性力量。回顾新中国成立以来的历史，并且将这段历史置于近代以来500多年的世界历史进程中加以审视，中国在世界各国现代化进程中的经纬将愈加清晰。

| 第五章 |

中国式现代化是一种全新的人类文明形态

新中国成立以后特别是改革开放以来，中国用了几十年时间走完了西方发达国家几百年走过的工业化历程，目前正昂首阔步努力实现中华民族伟大复兴的历史伟业。中国的现代化历程之艰难、成就之辉煌、影响之深远，在人类历史上是前所未有的。党的二十大报告精准概括了中国式现代化五大方面的中国特色，即人口规模巨大、全体人民共同富裕、物质文明和精神文明相协调、人与自然和谐共生、走和平发展道路，这使得中国式现代化与西方现代化有着本质的区别。中国式现代化开创的前无古人的事业，已经走出了与西方截然不同的发展模式，形成了一种全新的人类文明形态，产生了世界性影响。

第一节　中国走出了一条现代化的新道路

党的二十大报告指出，一些国家的现代化是通过战争、殖民、掠夺等方式实现的，中国将不走这条老路，而是选择走和平发展道路来实现现代化。回顾新中国成立以来的现代化历程，中国并未通过战争、殖民、掠夺以获得土地、资本和技术来实现经济发展。中国的现代化是依靠中国人民勤劳的双手建设而来，是通过中国与世界各国之间的国际合作实现的。从中国与世界的关系来看，中国的现代化在工业化、大战略和全球化三个方面走出了一条新道路。

一、坚持独立自主的工业化

从内涵来看，现代化主要包括物质的现代化、制度的现代化和人的现代化三个层面。就具体指标而言，一个国家的工业化水平往往体现了现代化水平如何。然而，在世界历史上，工业化始终是少数国家的专利。究其原因，工业化的基础就是物质、制度和人，三个因素缺一不可。全部满足这三个因素的条件并非一件容易的事，基础设施或资金不足、制度能力弱或人的教育程度和科学素养不够都会是阻碍工业化的重要原因。更为关键的是，这三个因素都会受到国际因素的影响。长期以来，西方现代化形成了既定的路径和模式，并且已经被现实验证是可行的。后发国家如果想实现工业化，学习甚至复制西方的经验和道路成为通行选择。

中国的工业化也是从学习开始的。从洋务运动的"师夷长技以自强"，到孙中山提出的工业发展计划，都是向英法德美日等列强学习工业化的经验。然而，由于主权无法完全独立，以西方列强为师的道路走得并不顺利。从清政府的洋务运动到民国政府的十年建设，中国的工业建设虽然取得了不少成就，但是由于严重受到帝国主义的控制，并未建立起独立自主的工业体系。在面临外部威胁和外部侵略时，中国的工业体系仍然难堪大任，最终洋务运动因中日甲午战争而失败，十年建设因日本侵略而中断。新中国成立后百废待兴，工业化也面临缺乏资本、设备、人才和经验的困境，为此中国寻求苏联的援助。从第一个五年计划开始，苏联不仅援助了中国156个大型项目，还帮助中国构建核武器、导弹、飞机等军事工业体系。虽然后来中苏关系恶化，苏联撤回了所有援华专家，但是以苏联为师对中国初步建立独立自主的工业体系有重要的意义。

改革开放以后，中国主动融入世界市场，积极利用发达国家的资本、技术和经验实现工业化。不过，中国在这一阶段的工业化过程中始终保持了独立自主，并且紧紧把握战略机遇期，保证了工业化进程的连续性，实现了40余年的经济高速发展，工业化取得了巨大的历史成就。回头来看，在第二次世界大战后美苏两极对峙、冷战结束后美国一家独大的背景下，哪怕是英国、法国、德国、日本等老牌资本主义国家的工业发展都很难实现完全的独立自主，韩国和新加坡等后发国家更是依附在美国主导的体系下。在此历史背景下，中国能在保持独立自主的前提下顺利推进工业化，殊为不易。只有看到这一点，才能解释为何坚持独立自主是中国的现代化区别于其他国家的重要特征。

二、奉行和平发展的大战略

近代以来，西方形成了依靠强大的经济实力和军事实力对外侵略的战争文化。美国战争史学家杰弗里·帕克就曾指出："西方的历史，无论是本国的还是海外的，都是以强硬的、野心勃勃的大国们为争夺控制权而展开的竞争，在竞争中，残忍者、革新者和果断者取代了自满者、模仿者和优柔寡断者。"① 这种战争文化深刻塑造了人类社会的现代化进程。中国是西方扩张型战争文化的受害者,因此在选择实现现代化的大战略设计上走的是与西方截然不同的道路。

不管是晚清或民国时期,还是新中国成立以后,中国都没有通过战争或扩张的方式来实现现代化。20世纪50年代,中国提出了和平共处五项原则,即"互相尊重主权和领土完整、互不侵犯、互不干涉内政、平等互利、和平共处",并将其作为指导国与国关系的基本准则。改革开放以后,中国更是坚持走和平发展道路,通过对内改革、对外开放来进行经济建设。中国将和平作为国家的大战略内容,没有通过对外扩张给其他国家带来灾难,这与绝大部分西方列强有着本质区别。正如国务院原副总理钱其琛所言:"中国的崛起要走和平之路,这是中国的根本利益所在,也是我们国家长期的基本国策,绝不会动摇。至于西方炒作的台湾问题、西藏问题,那都是中国国家统一的问题,是维护国家领土主权完整的问题,而根本不是对外扩张的问题。"②

中国与西方国家现代化历程还有一个本质区别,即中国并未采取西方国家分而治之、人为制造分歧和冲突的外交政

---

① 帕克,等.剑桥战争史[M].傅景川,李军,李安琴,译.长春:吉林人民出版社,1999:590.
② 钱其琛.外交十记[M].北京:世界知识出版社,2003:393.

策，而是更倾向于通过劝和促进地区和平和世界稳定。在历史上，中国曾经积极参与日内瓦会议，坚持和平解决朝鲜问题和恢复印度支那和平问题。在朝核问题上，中国也曾相继主导了四方会谈和六方会谈，为朝鲜半岛的和平与稳定做出了巨大贡献。在新时期，中国更是主动谋划，促成了沙特阿拉伯和伊朗的和解，为中东地区的和平与稳定做出了巨大贡献，展示了中国与美国截然不同的外交风格。在乌克兰危机中，中国也采用斡旋与劝和的方式来推动冲突解决。

不难看出，中国在实现现代化的大战略指导上与西方国家有着本质的区别。也就是说，中国的现代化展现出不同于西方模式的新图景。在处理中国与世界的关系上，中国实现现代化的独特方式挑战了西方的理论和经验。新中国成立以来的经验已经证明，中国会开辟一条新的现代化之路，有别于西方大国崛起的历史经验，从而在理论和经验上打破西方所谓"国强必霸"的陈旧逻辑。

三、推进公平均衡的全球化

如果将中国的现代化放在全球化进程来看，中国式现代化极大地推进了公平均衡的全球化，很大程度上弥补了第二次世界大战以来西方主导的全球化的不足，为实现更加公正

合理的全球治理做出了巨大贡献。概括而言,第二次世界大战以来西方主导的全球化呈现出两个鲜明特点:

其一,自由主义是内核。在自由主义主导的全球化之下,冷战后的国际社会出现了三个后果:在政治上,美国以推广所谓的自由民主为己任,任意给一些国家贴上"流氓国家"的标签,对跟自身政治价值观不一致的国家进行打压。在军事上,美国滥用国家军事权力。美国作为全球唯一的超级大国,打着"民主""自由""人权"的旗号肆意发动战争,从而导致许多国家和地区陷入动荡和贫困。在经济上,美国依靠对贸易规则的主导,以及美元和高科技霸权,实现了对全球经济体系的掌控。

其二,高度的不公平不均衡。第二次世界大战后的全球化是一个以美国为首的西方国家占据主导地位、广大发展中国家处于底层的全球化,是一个国际地位等级显著、国际产业分工明确的全球化,是一个由少数国家主导的全球化,因此对大多数国家而言呈现出高度不公平不均衡的特征。尽管冷战后的全球化也曾经出现了一段黄金时期,信息技术革命带来了巨大的经济红利,广大发展中国家积极融入美国主导的全球产业链,也有不少国家在政治上走向民主化,然而,这并未改变少数国家主导全球化的特征。近代以来的全球化的特点是中心和边缘界限清晰,在理论研究上,不管是帝国主义论或是世界体系论,还是依附论,对此都有了比较深入的认识。

在中国改革开放以后，全球化出现了一个新趋势。一方面，中国融入世界经济体系给以美国为首的西方国家带来了前所未有的经济机遇，使其可以享受中国质优价廉的工业产品；另一方面，中国加入世界贸易组织后快速融入世界经济体系。中国吸收了西方发达国家的产业转移，并在经济成长后重塑了全球经济体系。中国对全球化进程的塑造主要有两个层面：一是中国的工业化虽然客观上降低了西方国家的高额利润，但是它提升了广大发展中国家的经济要素流动和现代化水平，极大地改变了以往全球化不公平、不均衡的状态。中国超大规模的工业化使得所有国家都能以超低的成本享受最新科技成果，全球化变得更加均质化。二是中国对全球化的塑造程度，不亚于大航海以来西方主导的全球化。中国超大规模的人口，巨量的理工科人才，将为世界提供大量而优质的技术人才。中国可以同时为中国和广大发展中国家的现代化提供坚实的人才支撑，以引领未来的全球化进程，可以为扭转逆全球化做出巨大贡献。由于中国是社会主义国家，更加追求公平和平等理念，也将会带来截然不同于资本主义国家的全球化。

综合以上分析，中国现代化在工业化、大战略和全球化三个方面都展现出了不同于西方现代化道路的新图景，走出了一条不同于西方现代化道路的新路。作为古老的文明国家，中国的现代化在新时代展露出了勃勃生机。在新的动荡变革期，虽然遭受了以美国为首的西方国家的遏制、围堵、打压，中国仍然能够统筹国内国际两个大局，推进国家治理体系和治理能力现代化，推动经济转型升级和高质量发展。在全球治理上更是主动谋划，继续深度参与全球产业分工和合作，用好国内国际两种资源，拓展中国式现代化的发展空间。

第二节　中国式现代化创造了人类文明新形态

中国式现代化是500多年来世界现代化历史中最恢宏的史诗。尽管中国是现代化的后来者，但是中国在现代化过程中形成的超大规模和超大体量，处理内部事务所呈现出的社会主义本质，以及处理与外部世界关系时选择的和平路径，使得中国式现代化不仅具备了各国现代化的共同特征，更有基于自己国情形成的中国特色，从而实现了对西方现代化模式的超越，创造了人类文明新形态。

一、中国给国际社会提供了现代化的新方案

长期以来，世界各国走向现代化都只有一种方案，即西方的现代化模式。新时代以来，中国经济保持高速发展，人民生活水平不断提高，社会治理能力全面提升。中国不仅在工业、农业、国防和科学技术四个现代化上取得了巨大的历史成就，而且将国家治理体系和治理能力现代化不断推进，中国的成功极大地拓展了现代化模式的选择空间。

中国正在不断总结和提炼中国式现代化的经验和理论。党的二十大报告对此做出了阐述："科学社会主义在二十一世纪的中国焕发出新的蓬勃生机，中国式现代化为人类实现现代化提供了新的选择，中国共产党和中国人民为解决人类面临的共同问题提供更多更好的中国智慧、中国方案、中国力量，为人类和平与发展崇高事业作出新的更大的贡献！"[1] 2023年2月7日，习近平在学习贯彻党的二十大精神研讨班开班式上发表重要讲话，强调："中国式现代化，打破了'现代化＝西方化'的迷思，展现了现代化的另一幅图景，拓展了发展中国家走向现代化的路径选择，为人类对更好社

---

[1] 习近平. 高举中国特色社会主义伟大旗帜 为全面建设社会主义现代化国家而团结奋斗：在中国共产党第二十次全国代表大会上的报告 [M]. 北京：人民出版社，2022：16.

会制度的探索提供了中国方案。"①

进入新时代，对中国式现代化的理论提炼和总结逐渐完善，党的十九大报告、党的二十大报告和习近平在学习贯彻党的二十大精神研讨班开班式上发表的重要讲话已经进行了系统论述。概括而言，中国式现代化的世界意义有两点非常关键：一是中国的现代化坚持中国特色社会主义道路，坚持扎根于中国大地，坚持走自己的路，打破了"现代化＝西方化"的迷思。二是中国在现代化的过程中，始终坚持独立自主，把国家安全和发展进步的主动权牢牢掌握在自己手中，这是与很多学习西方现代化的国家不同的地方。环顾全球，第二次世界大战后实现现代化的国家和地区诸如韩国和新加坡等都是依附于美国的，这些国家和地区不仅在安全上接受美国的保护，而且深度融入美国主导的全球产业链体系。与此相比，中国并未成为美国的附庸，而是在保持独立自主的前提下实现了现代化，这与其他国家和地区有着本质的不同。

二、中国给广大发展中国家树立了新典范

新中国成立以来，中国现代化走过了 70 多年的历程，尽

---

① 习近平在学习贯彻党的二十大精神研讨班开班式上发表重要讲话强调 正确理解和大力推进中国式现代化 [N]. 人民日报, 2023-02-08（1）.

管也曾走过曲折道路,但是中国在实现现代化上已经取得了巨大的成功,为广大发展中国家所称赞。2023年2月7日,习近平在学习贯彻党的二十大精神研讨班开班式上发表的讲话中强调:"中国式现代化蕴含的独特世界观、价值观、历史观、文明观、民主观、生态观等及其伟大实践,是对世界现代化理论和实践的重大创新。中国式现代化为广大发展中国家独立自主迈向现代化树立了典范,为其提供了全新选择。"[1]也就是说,中国为广大发展中国家树立了一个榜样,使之在实现现代化时拥有了西方现代化之外的样本。中国式现代化的成功在两个层面上为广大发展中国家树立了典范:

一是建构作用,即中国用自身奋斗的成功故事,描述了一个现代化的全新叙事。中国曾经是一个半殖民地半封建社会,饱受西方帝国主义的凌辱,在起点如此低的情况下,坚持独立自主原则,通过自身努力和奋斗,最终实现了现代化,这无疑对广大发展中国家是一个极大的鼓舞。一方面,中国式现代化没有照搬西方的经验,而是在其基础上进行了新的超越。另一方面,应该重新审视中国式现代化与西方现代化的关系。中国融入世界经济体系对中国和西方是双赢的,西方国家在中国改革开放过程中获得了巨大收益。通过投资中国并与中国进行贸易,西方国家不仅获得了前所未有的经济

---

[1] 习近平在学习贯彻党的二十大精神研讨班开班式上发表重要讲话强调 正确理解和大力推进中国式现代化 [N]. 人民日报,2023-02-08(1).

利润，还享受了中国这个世界工厂质优价廉的工业品，极大地缓和了国内社会矛盾。因此，中国式现代化的成功是中国人民奋斗的结果，并非西方国家恩赐和怜悯的结果。

二是解构作用，即中国用自身现代化的成功打破了美国例外论，给广大发展中国家提供了一个希望和预期。长期以来，西方现代化的成功故事逐渐被神话，即现代化只能遵循西方的经验和模式，诸如航空航天和探月探火等伟大事业只有美国等西方国家才可以做到，因此美国等西方国家是例外的。在这种神话的阴影下，广大的发展中国家被排挤出可能之外，甚至连尝试的勇气都没有。中国式现代化的成功，尤其是中国在道路探索上的成功，以及航空航天和探月探火等伟大事业上取得的重大进展，给广大发展中国家带来了想象空间，即并非只有美国等西方国家才行，中国能够行，那么其他国家也可以行。

世界各国的历史和国情是非常多元的，这意味着现代化的路径和模式也将是非常多元的，广大发展中国家可以从自身历史和国情出发探索符合自身条件的现代化。中国式现代化成功的故事，更是验证了现代化模式的多元性。中国不认同世界有一个普世性的现代化模式，因此不会强行要求其他国家照搬中国的现代化模式，更不会将中国式现代化作为一个普世模式推广给广大发展中国家。

三、中国式现代化是一种人类文明新形态

如果将中国式现代化放到过去 500 多年的世界现代化历史中甚至整个人类历史中来看,可以发现其巨大的世界意义。中国式现代化基于自身历史和国情,借鉴吸收一切人类优秀文明成果,走出了一条不同于西方现代化模式的新道路,创造了一种人类文明新形态。

其一,中国式现代化扎根于中国的基本国情。中国有着独特的历史进程、文化传统和政治体制,现代化进程也是基于这些基本要素展开的。中国人口众多、国情复杂,在实现现代化过程中面临的挑战和困难将是前所未有的,必须坚持中国共产党的领导,坚持中国特色社会主义,充分发挥社会主义制度的先进性,这成为实现中国式现代化的基本要求。

其二,中国式现代化实现了对西方现代化模式的超越。党的二十大报告指出,中国式现代化是人口规模巨大、全体人民共同富裕、物质文明和精神文明相协调、人与自然和谐共生、走和平发展道路的现代化,在以上五大方面,中国走出了一条截然不同于西方现代化模式的新路。实现中国式现代化的过程,本身就是探索共产党执政规律、社会主义建设规律、人类社会发展规律的过程。在此基础上,中国外交必

须要回答如何确保共产党长期执政、社会主义事业长盛不衰和人类社会和平共存这三个根本问题。

其三，中国式现代化代表了人类历史的进步性。习近平多次强调，中国式现代化"代表人类文明进步的发展方向"。回顾人类实现现代化的历史，西方国家走的是通过战争、殖民、掠夺等方式的道路。中国政府郑重承诺，中国不会走那种损人利己、充满血腥罪恶的老路，而是"坚定站在历史正确的一边、站在人类文明进步的一边"，坚定走和平发展道路。中国的战略选择是历史进步主义的，展现了截然不同于西方现代化的新图景。面对百年未有之大变局，中国在走向世界舞台中央的过程中不断解决自身面临的问题，并且根据自身的国情和立场提出解决全球问题的中国方案。针对当前国际社会中和平赤字、发展赤字、安全赤字、治理赤字加重的情况，中国适时提出了全球发展倡议、全球安全倡议和全球文明倡议，以破解发展中国家的发展难题，回应国际社会维护世界和平、防止冲突战争的迫切需要，推动文明交流互鉴、促进人类文明进步。全球发展倡议、全球安全倡议和全球文明倡议是中国为国际社会提供的重要公共产品，有助于"全球南方"推进本国的现代化事业，有助于推进世界现代化进程，有助于推动人类文明进步。

当前，中国在国内国际都面临着艰难挑战，但是广大发展中国家已经看到了中国式现代化迸发出的强大生命力、展示出的新图景和新气象。中国式现代化的过程虽然艰难，但是道路是蹚出来的，会越走越宽广。中国现代化的历程已经向世界证明，这条路不仅走得对、走得通，而且走得稳、走得好。正如党的十九大报告所指出的："中国特色社会主义进入新时代……意味着中国特色社会主义道路、理论、制度、文化不断发展，拓展了发展中国家走向现代化的途径，给世界上那些既希望加快发展又希望保持自身独立性的国家和民族提供了全新选择，为解决人类问题贡献了中国智慧和中国方案。"[1] 中国已经取得的历史成就，正鼓舞着广大的发展中国家；中国未来达到的历史高度，同样将给予各国希望。

小　结

新中国筚路蓝缕，在一穷二白的基础上经过艰苦奋斗，最终建立了完整的现代工业体系，中国式现代化取得了巨大的历史成就。中国式现代化是人口规模巨大、全体人民共同富裕、物质文明和精神文明相协调、人与自然和谐共生、走和平发展道路的现代化，最终走出了一条与西方现代化截然

---

[1] 习近平. 决胜全面建成小康社会 夺取新时代中国特色社会主义伟大胜利：在中国共产党第十九次全国代表大会上的报告 [M]. 北京：人民出版社，2017：10.

不同的新路。中国式现代化在处理中国与世界的关系时，始终坚持独立自主的工业化，始终奉行和平发展的大战略，始终推进公平均衡的全球化。归根结底，中国式现代化是一种进步主义的现代化模式，它实现了对西方现代化模式的超越，创造了一种人类文明新形态。

结　语

　　进入新时代以来，在中国共产党的带领下，中国坚定不移走和平发展道路，完成了脱贫攻坚、全面建成小康社会的历史任务，实现了第一个百年奋斗目标。党的二十大擘画了以中国式现代化推进中华民族伟大复兴的宏伟蓝图，发出了全面建成社会主义现代化强国、实现第二个百年奋斗目标的伟大号召。

　　在实现中国式现代化的征途中，我们应该深知"行百里者半九十"的道理，继续埋头苦干、奋勇前进。我们更应该时刻提醒自己前方道路仍有涉滩之险、有爬坡之艰、有闯关之难。习近平多次强调，推进中国式现代化，是一项前无古人的开创性事业，必然会遇到各种可以预料和难以预料的风险挑战、艰难险阻甚至惊涛骇浪。

　　当今世界进入新的动荡变革期，中国发展的外部环境发生了深刻的变化。一方面，大国战略竞争回归，地缘政治对抗烈度逐渐上升，国家合作中的相对收益思维压过了绝对收益思维，国际政治中的泛安全化成为一个显著趋势；另一方面，经济全球化遭遇逆流，国际经济循环格局发生深度调整，贸易和科技武器化趋势日趋强化。受此影响，中国的经济发展和对外关系都面临着前所未有的挑战。在国内层面，由于人口众多、市场规模超大，在内外因素叠加之下，中国要承受和面对各种压力、艰难挑战和不确定性。在国际层面，以美国为首的西方国家认为中国的崛起威胁到了其核心利益，来自美国的遏制、围堵、打压日益严重，中国经济发展和科技创新面临着被"围剿"和被"卡脖子"的挑战。

各种迹象都表明，中国的发展已经到了滚石上山、爬坡过坎的关键阶段。从世界范围来看，中国正处于和平崛起的关键时期，必须将风云突变的外部环境纳入政策制定的考量范畴。在百年大变局中，中国发展处在由大向强、将强未强之际，中国国家安全将面临各种风险交织叠加的挑战，外部环境存在诸多不确定性。

面对日趋复杂的外部环境，中国应该坚定不移走和平发展道路，这是实现中国式现代化的正确路径。当前国际社会中的霸权霸凌行径越发严重，有些国家恃强凌弱、巧取豪夺，全球治理体系遭遇了挫折，人类社会面临着前所未有的挑战。然而，应该坚定信念，大部分世界人民和国家是爱好和平的，和平、发展、合作、共赢的历史潮流是不可阻挡的，世界重新回到正轨是人心所向、大势所趋。站在历史的十字路口，中国应该继续坚持优良的外交传统。党的二十大报告再次确认了这些精练且重要的外交理念和外交原则：

中国坚定奉行独立自主的和平外交政策，始终根据事情本身的是非曲直决定自己的立场和政策，维护国际关系基本准则，维护国际公平正义。中国尊重各国主权和领土完整，坚持国家不分大小、强弱、贫富一律平等，尊重各国人民自主选择的发展道路和社会制度，坚决反对一切形式的霸权主义和强权政治，反对冷战思维，反对干涉别国内政，反对搞双重标准。中国奉行防御性的国防政策，中国的发展是世界和平力量的增长，无论发展到什么程度，中国永远不称霸、永远不搞扩张[①]。

中国选择了最难走的道路，即坚持走和平发展道路实现现代化。这注定是一段披荆斩棘的艰难路程，也必将是一项彪炳史册的历史成就。越来越多的来自国内国际的各种挑战增加了走这条道路的难度，也引发了国际社会对中国能否继续走和平发展道路的疑虑。对于已经选定的正确路径，越是艰难越应该坚持，要避免外部环境对中国走和平发展道路的干扰，要有咬定青山不放松的精神，用实际行动来说明这条路走得通。如果有些国家试图以非和平方式来挑战中国的战略选择，中国也必须提高自身综合国力、建设强大的国防，有能力有决心遏止有些国家通过武力来阻止或打断中国现代化进程的企图。

---

① 习近平.高举中国特色社会主义伟大旗帜 为全面建设社会主义现代化国家而团结奋斗：在中国共产党第二十次全国代表大会上的报告[M].北京：人民出版社，2022：60-61.

参考文献

一、参考网站

中国政府网：http://www.gov.cn

中华人民共和国国务院新闻办公室：http://www.scio.gov.cn

中华人民共和国国家发展和改革委员会：https://www.ndrc.gov.cn

中华人民共和国外交部：https://www.fmprc.gov.cn

中华人民共和国国防部：http://www.mod.gov.cn

中华人民共和国国家统计局：http://www.stats.gov.cn

中华人民共和国海关总署：http://www.customs.gov.cn

中国卫星导航定位协会：http://www.glac.org.cn

中国一带一路网：https://www.yidaiyilu.gov.cn

新华网：http://www.news.cn

求是网：http://www.qstheory.cn

央视网：https://www.cctv.com

国际货币基金组织：https://www.imf.org

世界银行：https://www.worldbank.org

国际劳工组织：https://www.ilo.org

亚洲基础设施投资银行：https://www.aiib.org

美国白宫：https://www.whitehouse.gov

美国国务院：https://www.state.gov

美国商务部：https://www.commerce.gov

美国司法部：https://www.justice.gov

美国贸易代表办公室：https://ustr.gov

美中贸易全国委员会：https://www.uschina.org

美国国际战略研究中心：https://www.csis.org

哈德逊研究所：https://www.hudson.org

布鲁金斯学会：https://www.brookings.edu

新美国安全中心：https://www.cnas.org

岩石上的战争网：https://warontherocks.com

《华盛顿邮报》网：https://www.washingtonpost.com

《华尔街日报》网：https://www.wsj.com

《金融时报》网：https://www.ft.com

《卫报》网：https://www.theguardian.com

美国消费者新闻与商业频道：https://www.cnbc.com

世界报业辛迪加网：https://www.project-syndicate.org

《外交事务》网：https://www.foreignaffairs.com

《外交政策》网：https://foreignpolicy.com

《经济学人》网：https://www.economist.com

《时代周刊》网：https://time.com

二、白皮书与报告

1. 中华人民共和国国务院新闻办公室.《中国的和平发展道路》白皮书. [R/OL].（2005-12-22）[2023-02-10].http://www.gov.cn/jrzg/2005-12/22/content_133974.htm.

2. 中华人民共和国国务院新闻办公室. 中国与世界贸易组织 [R]. 北京：人民出版社，2018.

3. 中华人民共和国国务院新闻办公室. 新时代的中国与世界 [R]. 北京：人民出版社，2019.

4. 中华人民共和国国务院新闻办公室. 新时代的中国国防 [R]. 北京：人民出版社，2019.

5. 中华人民共和国国务院新闻办公室. 中国军队参加联合国维和行动 30 年 [R]. 北京：人民出版社，2020.

6. 中华人民共和国国务院新闻办公室. 新时代的中国国际发展合作 [R]. 北京：人民出版社，2021.

7. 中华人民共和国国务院新闻办公室. 人类减贫的中国实践 [R]. 北京：人民出版社，2021.

8. 中华人民共和国国务院新闻办公室. 新时代的中非合作 [R]. 北京：人民出版社，2021.

9. 中国卫星导航定位协会. 2022 中国卫星导航与位置服务产业发展白皮书 [R/OL].（2022-05-18）[2023-03-02].http://www.glac.org.cn/index.php?m=content&c=index&a=show&catid=1&id=8845.

10. Office of the United States Trade Representative. Findings of the investigation into China's acts, policies, and practices related to technology transfer, intellectual property, and innovation under section 301 of The Trade Act of 1974[R/OL]. (2018-03-22) [2023-04-06]. https://ustr.gov/sites/default/files/Section%20301%20FINAL.PDF.

11. The US-China Business Council. Export report 2022: services and jobs update[R/OL]. [2023-03-07]. https://www.uschina.org/reports/export-report-2022-services-and-jobs-update.

12. PETERS E D, ARMONY A C. Effects of China on the quantity and quality of jobs in Latin America and the Caribbean[R/OL]. (2017-06-01) [2023-03-09]. https://www.ilo. org/wcmsp5/groups/public/---americas/---ro-lima/documents/publication/wcms_563727.pdf.

三、中文文献

1. 埃文斯. 竞逐权力：1815—1914[M]. 胡利平，译. 北京：中信出版社，2018.
2. 艾利森. 注定一战：中美能避免修昔底德陷阱吗？[M]. 陈定定，傅强，译. 上海：上海人民出版社，2018.
3. 布莱克. 军事革命？：1550—1800年的军事变革与欧洲社会[M]. 李海峰，梁本彬，译. 北京：北京大学出版社，2019.
4. 达尔. 现代政治分析[M]. 王沪宁，陈峰，译. 上海：上海译文出版社，1987.
5. 戴秉国. 战略对话：戴秉国回忆录[M]. 北京：人民出版社，2016.
6. 邓小平文选：第2卷[M]. 2版. 北京：人民出版社，1994.
7. 邓小平文选：第3卷[M]. 北京：人民出版社，1993.
8. 弗格森. 帝国[M]. 雨珂，译. 北京：中信出版社，2012.
9. 格林格拉斯. 基督教欧洲的巨变：1517—1648[M]. 李书瑞，译. 北京：中信出版社，2018.
10. 《改革开放40年》编写组. 改革开放40年[M]. 北京：中国统计出版社，2018.
11. 顾廷龙，戴逸. 李鸿章全集：第5册[M]. 合肥：安徽教育出版社，2008.
12. 国家统计局. 中国统计年鉴2022[M]. 北京：中国统计出版社，2022.
13. 哈耶克. 通往奴役之路[M]. 王明毅，冯兴元，马雪芹，等译. 北京：中国社会科学出版社，1997.
14. 贺凯，冯惠云，魏冰. 领导权转移与全球治理：角色定位、制度制衡与亚投行[J]. 国际政治科学，2019（3）：31-59.
15. 亨廷顿. 变化社会中的政治秩序[M]. 王冠华，刘为，译. 上海：上海人民出版社，2008.
16. 胡锦涛文选：第1卷[M]. 北京：人民出版社，2016.
17. 胡锦涛文选：第2卷[M]. 北京：人民出版社，2016.

18. 胡锦涛文选：第 3 卷 [M]. 北京：人民出版社，2016.
19. 黄仁伟. 中国崛起的时间和空间 [M]. 上海：上海社会科学院出版社，2002.
20. 黄振乾. 中国援助项目对当地经济发展的影响：以坦桑尼亚为个案的考察 [J]. 世界经济与政治，2019（8）：127-153.
21. 霍布森. 帝国主义 [M]. 卢刚，译. 北京：商务印书馆，2020.
22. 基辛格. 论中国 [M]. 胡利平，林华，杨韵琴，等译. 北京：中信出版社，2012.
23. 建国以来毛泽东文稿：第 1 册 [M]. 北京：中央文献出版社，1987.
24. 建国以来毛泽东文稿：第 2 册 [M]. 北京：中央文献出版社，1987.
25. 江忆宏. 中国参与国际体制的若干思考 [J]. 世界经济与政治，1997（7）：4-10.
26. 江泽民文选：第 1 卷 [M]. 北京：人民出版社，2006.
27. 江泽民文选：第 2 卷 [M]. 北京：人民出版社，2006.
28. 江泽民文选：第 3 卷 [M]. 北京：人民出版社，2006.
29. 肯尼迪. 大国的兴衰：自 1500—2000 年经济变化和军事冲突 [M]. 天津编译中心，译. 成都：四川人民出版社，1988.
30. 李斯特. 政治经济学的国民体系 [M]. 陈万煦，译. 北京：商务印书馆，1961.
31. 刘华秋. 邓小平国际战略思想论要 [J]. 党的文献，2007（2）：23-31.
32. 罗伯茨. 剑桥非洲史：20 世纪卷（1905—1940）. 杭州：浙江人民出版社，2019.
33. 罗斯克兰斯，斯坦. 大战略的国内基础 [M]. 刘东国，译. 北京：北京大学出版社，2005.
34. 马凯硕. 中国的选择：中美博弈与战略抉择 [M]. 全球化智库，译. 北京：中信出版集团，2021.
35. 马克思. 资本论：第 1 卷 [M]. 北京：人民出版社，2018.
36. 马克思恩格斯全集：第 25 卷 [M]. 2 版. 北京：人民出版社，2001.
37. 毛泽东. 毛泽东文集：第 6 卷 [M]. 北京：人民出版社，1999.

38. 毛泽东. 毛泽东文集：第 7 卷 [M]. 北京：人民出版社，1999.
39. 毛泽东. 毛泽东选集：第 1 卷 [M]. 2 版. 北京：人民出版社，1991.
40. 帕克，等. 剑桥战争史 [M]. 傅景川，李军，李安琴，译. 长春：吉林人民出版社，1999.
41. 钱其琛. 外交十记 [M]. 北京：世界知识出版社，2003.
42. 商鞅. 商君书 [M]. 北京：中华书局，2009.
43. 孙中山. 建国方略 [M]. 北京：生活·读书·新知三联书店，2014.
44. 托克维尔. 旧制度与大革命 [M]. 冯棠，译. 北京：商务印书馆，1992.
45. 王缉思，李侃如. 中美战略互疑：解析与应对 [M]. 北京：社会科学文献出版社，2013.
46. 王震. 司马法集释 [M]. 北京：中华书局，2018.
47. 韦伯. 马克斯·韦伯社会学文集 [M]. 阎克文，译. 北京：人民出版社，2010.
48. 魏源. 海国图志：上卷 [M]. 长沙：岳麓书社，1998.
49. 吴建民. 外交与国际关系：吴建民的看法与思考 [M]. 北京：中国人民大学出版社，2006.
50. 习近平. 高举中国特色社会主义伟大旗帜 为全面建设社会主义现代化国家而团结奋斗：在中国共产党第二十次全国代表大会上的报告 [M]. 北京：人民出版社，2022.
51. 习近平. 决胜全面建成小康社会 夺取新时代中国特色社会主义伟大胜利：在中国共产党第十九次全国代表大会上的报告 [M]. 北京：人民出版社，2017.
52. 习近平. 习近平谈"一带一路" [M]. 北京：中央文献出版社，2018.
53. 习近平. 习近平谈治国理政：第 1 卷 [M]. 2 版. 北京：外文出版社，2018.
54. 习近平. 习近平谈治国理政：第 2 卷 [M]. 北京：外文出版社，2017.
55. 习近平. 习近平谈治国理政：第 3 卷 [M]. 北京：外文出版社，2020.
56. 习近平. 习近平谈治国理政：第 4 卷 [M]. 北京：外文出版社，2022.

57. 习近平. 习近平外交演讲集：第 1 卷 [M]. 北京：中央文献出版社，2022.
58. 习近平. 习近平外交演讲集：第 2 卷 [M]. 北京：中央文献出版社，2022.
59. 熊向晖. 我的情报与外交生涯 [M]. 北京：中共党史出版社，2006.
60. 阎学通，王在邦，李忠诚，等. 中国崛起：国际环境评估 [M]. 天津：天津人民出版社，1998.
61. 张之洞. 劝学篇 [M]. 上海：上海书店出版社，2002.
62. 章百家. 改变自己影响世界：20 世纪中国外交基本线索刍议 [J]. 中国社会科学，2002（1）：4-19.
63. 郑必坚. 中国和平崛起新道路和亚洲的未来：在 2003 年博鳌亚洲论坛的讲演 [J]. 理论参考，2004（5）：3-4.
64. 中共中央关于制定国民经济和社会发展第十四个五年规划和二〇三五年远景目标的建议 [M]. 北京：人民出版社，2020.
65. 中共中央文献研究室. 邓小平年谱：1975—1997（上）[M]. 北京：中央文献出版社，2004.
66. 中共中央文献研究室. 建国以来重要文献选编：第 8 册 [M]. 北京：中央文献出版社，1994.
67. 中共中央文献研究室. 十二大以来重要文献选编（上）[M]. 北京：中央文献出版社，1986.
68. 中共中央文献研究室. 十二大以来重要文献选编（中）[M]. 北京：中央文献出版社，1986.
69. 中共中央宣传部，中华人民共和国外交部. 习近平外交思想学习纲要 [M]. 北京：人民出版社，2021.
70. 中华人民共和国商务部，国家统计局，国家外汇管理局. 2021 年度中国对外投资统计公报 [M]. 北京：中国商务出版社，2022.
71. 中华人民共和国外交部，中共中央文献研究室. 周恩来外交文选 [M]. 北京：中央文献出版社，1990.
72. 周恩来. 周恩来选集：下卷 [M]. 北京：人民出版社，1984.

四、英文文献

1. CAMPBELL K M. SULLIVAN J. Competition without catastrophe: how America can both challenge and coexist with China[J]. Foreign affairs, 2019, 98(5): 96-110.
2. FUKUYAMA F. The end of history?[J]. The national interest, 1989 (16): 3-18.
3. GALTUNG J. A structural theory of imperialism[J]. Journal of peace research, 1971, 8 (2): 81-117.
4. HAMILTON E. American treasure and the price revolution in Spain, 1501-1650[M]. Cambridge, Mass.: Harvard University Press, 1934.
5. IKENBERRY G J. The rise of China and the future of the west: can the liberal system survive?[J] Foreign affairs, 2008, 87 (1): 23-37.
6. KAGAN R. The jungle grows back: America and our imperiled world[M]. New York: Vintage Books, 2018.
7. KLEIN H. The Atlantic slave trade[M]. 2nd ed. Cambridge: Cambridge University Press, 2020.
8. LEVY J. War in the modern great power system: 1495-1975[M]. Lexington, Kentucky: The University Press of Kentucky, 1983: 10.
9. TILLY C. Coercion, capital, and European states, AD 990-1990[M]. Cambridge, Mass.: Basil Blackwell, 1990.
10. TRACY J D. The rise of merchant empires: long-distance trade in the early modern world 1350-1750[M]. Cambridge: Cambridge University Press, 1993.
11. VEGETIUS. Military institutions of Vegetius, in five books[M]. London: W. Griffin, 1767.
12. WILLIAMSON J. Democracy and the "Washington Consensus" [J]. World development, 1993, 21 (8): 1329-1336.
13. ZHENG B J. China's "peaceful rise" to great-power status[J]. Foreign affairs, 2005, 84 (5): 18-24.

图书在版编目（CIP）数据

走和平发展道路的中国式现代化 / 左希迎著 . —— 北京：中国人民大学出版社，2024.1
（中国式现代化的鲜明特色研究系列 / 张东刚，林尚立总主编）
ISBN 978-7-300-31877-6

Ⅰ.①走… Ⅱ.①左… Ⅲ.①发展战略—研究—中国②现代化建设—研究—中国 Ⅳ.①D60②D61

中国国家版本馆 CIP 数据核字（2023）第 124371 号

中国式现代化的鲜明特色研究系列
总主编　张东刚　林尚立
走和平发展道路的中国式现代化
左希迎　著
Zou Heping Fazhan Daolu de Zhongguoshi Xiandaihua

出版发行	中国人民大学出版社		
社　　址	北京中关村大街 31 号	邮政编码	100080
电　　话	010-62511242（总编室）		010-62511770（质管部）
	010-82501766（邮购部）		010-62514148（门市部）
	010-62515195（发行公司）		010-62515275（盗版举报）
网　　址	http://www.crup.com.cn		
经　　销	新华书店		
印　　刷	唐山玺诚印务有限公司		
开　　本	890 mm × 1240 mm　1/32	版　　次	2024 年 1 月第 1 版
印　　张	6.125 插页 2	印　　次	2025 年 5 月第 5 次印刷
字　　数	109 000	定　　价	32.00 元

版权所有　侵权必究　印装差错　负责调换